M&A Booklet

BDDを磨く

シナジー検討とビジネスDD技法

ビジネス・デューデリジェンス 個別編Ⅲ

PwCアドバイザリー合同会社〔編〕

中央経済社

M&Aブックレットシリーズについて

　私は約30年間M&Aの世界に身を置いている。
　この間、国内外のさまざまな企業による多くの実例が積み上がり、今では連日のようにM&Aに関連する報道が飛び交っている。一方で、「M&Aってどんなこと？」と敷居の高さを感じる方も多いのではないだろうか。
　本シリーズはこの現状に一石を投じ、学生や新社会人からM&A業務の担当者、さらにアドバイスする側の専門家など、M&Aに関心のあるすべての方々にご活用いただくことを念頭に、「M&Aの民主化」を試みるものである。

　本シリーズの特徴は、第一に、読者が最も関心のある事項に取り組みやすいよう各巻を100ページ前後の分量に「小分け」にして、M&A全般を網羅している。第二に、理解度や経験値に応じて活用できるよう、概論・初級・中級・上級というレベル分けを施した。第三に、多岐にわたるM&Aのトピックを、プロセスの段階や深度、また対象国別など、テーマごとに1冊で完結させた。そして、この"レベル感"と"テーマ"をそれぞれ縦軸と横軸として、必要なテーマに簡単にたどり着けるよう工夫をこらしてある。

　本シリーズには、足掛け5年という構想と企画の時間を費やした。発刊に漕ぎ着けたのは、ひとえに事務局メンバーの岩崎敦さん、平井涼真さん、堀江大介さんのご尽力あってこそである。加えて、構想段階から"同志"としてお付き合いいただいた中央経済社の杉原茂樹さんと和田豊さんには、厚く御礼申し上げる。
　本シリーズがM&Aに取り組むさまざまな方々のお手元に届き、その課題解決の一助になることを願ってやまない。

シリーズ監修者　福谷尚久

はじめに

　本「ビジネス・デューデリジェンス個別編シリーズ」（以下、「BDD個別編シリーズ」という）では、M&Aを進めるうえでますますその重要性が高まっているビジネス・デューデリジェンス（「ビジネスDD」）について概説する。ビジネスDDとは、概念的にいうと「M&Aにおいて経営や事業の観点から対象会社や対象事業の特徴（強みや課題）を精査し、自社とのシナジーがどの程度あるかを見極めること」である。しかしながら、実際にビジネスDDを実施したことがある人以外で、この概念的な一言で「ビジネスDDとはこういうことだ」と理解できる人はなかなかいないと想像する。本書では、初めにビジネスDDにおけるシナジーの分析とその実現に向けたアクションプランを解説し、基本的な実施内容や意味合いを理解していただく。そして、ビジネスDDの実務におけるテクニカルな論点、特に情報収集の技法や成果物の表現方法について紹介する。

　「BDD個別編シリーズ」を継続的に読んでいただいている方には既知の内容となろうが、大変重要な観点であるため、今一度ビジネスDDで抽出された論点の活用先について整理する。アウトプットの反映先という意味では、**図表０-１**のとおり、「企業価値の算定」「契約でのリスクヘッジ」「統合プランの先行検討」の大きく３つの活用先があげられる。

　このような活用が期待されるビジネスDDであるからこそ、他のDDとは大きく異なる２つの特徴を有している。

　１つ目は、「分析の視点」が異なるという点である。財務や法務、税務をはじめとする他のDDは、一般に「対象会社の現在の状況」をできる限り正しく把握

図表０-１：ビジネスDDのアウトプット目的

「企業価値算定」の算定根拠の提示	・ビジネスモデルや事業の収益性・将来性の分析を通じて、修正事業計画とM&Aによる価値創出（シナジー）を策定・検討 ⇒上記を１つのインプットとして、Valuationにて企業価値を算定
最終契約でのリスクヘッジ	・対象会社の事業継続性や発展に対するリスク項目（コア技術の流出、取引先の撤退等）を抽出 ⇒最終契約の論点に反映し、リスク顕在化時の特別保証や防止策を交渉
統合プラン具体化による投資目的実現への寄与	・対象会社の理解および買い手の戦略目的を踏まえ、投資後のアクションプランを具体化 ⇒統合プランの先行的な検討により、M&A目的の実現に貢献

図表 0-2：分析の視点の違い

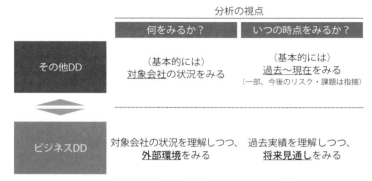

するため、「過去から現在」の実績の情報を用いて分析を行うことになる。今後のリスクや課題等への言及もされるが、その主たる目的は、買い手にとってM&Aを通じて達成したい目的の阻害要因となり得るリスクがないか、対象の実績をもとに調査することである。一方、ビジネスDDにおいては、対象会社のみならず、それを取り巻く「外部環境」をも踏まえながら、「将来的な見通し」を見るという点で他のDDと大きく異なっている（**図表0-2**参照）。

　2つ目は、「他DDとの連関性」を示すことが強く求められるという点である。先述のとおり、ビジネスDDは、そのアウトプットを企業価値の算定や契約への反映を通じたリスクヘッジ、統合後のアクション具体化などに活用することになる。しかし、ビジネスDDに向けたインプットにおいても、M&A戦略の実現可能性を把握するための論点設計や、他のDDのアウトプットの取り込みなどが行われる。これを通じて、戦略合致性の判断や、より蓋然性のある将来像の検討がなされるのである。そのため、ビジネスDDはM&A検討の各論点とコラボレーションし、全体観を捕捉することが重要になっている（**図表0-3**参照）。

　このように、ビジネスDDがM&Aの検討プロセスにおいて果たす役割は、対象となる企業・事業のビジネス機会やリスクファクターを検知するという単純な「Fact Finding」ではなく、M&A後の将来図を強く見据えたビジネスジャッジに他ならない。そのため、DDで一般に期待される第三者的な監査でなく、将来のシナリオをマネジメント層とともに想像し、M&AあるいはM&A後の意思決定の

図表0-3：分析・判断のHubとなるビジネスDD

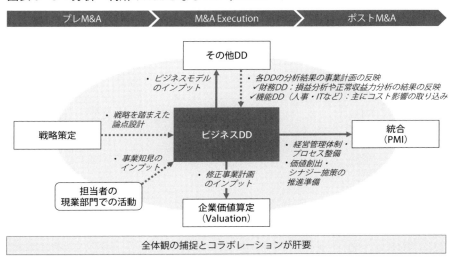

結論につなげることが期待されるのである。

「BDD個別編シリーズ」は4分冊で構成され、ビジネスDDの概論から個別トピックへと段階的に展開しているものの、順番に読み進めても、関心に応じて個別トピックを手に取ってもよいよう執筆に努めた。

本書は、第3冊目にあたる。

「ビジネス・デューデリジェンス個別編シリーズ」の概要

Ⅰ　BDDを知る　ビジネスDDの全体像と設計
第1編　ビジネス・デューデリジェンスの全体像
ビジネスDDの本質について概観し、全体的な進め方を概説する
第2編　ビジネス・デューデリジェンスの設計
ビジネスDDにおける計画策定から対象会社の実態把握、価値創出・向上策の検討に至る一連の流れについて、分析・検証における実施内容やポイントについて概説する

Ⅱ　BDDを進める　実態把握とM&Aでの活用
第1編　対象会社の実態把握—事業構造分析・業績構造分析
買収対象会社が属する市場動向や将来トレンド、業界における競争構造等を把握するための事業構造分析と対象会社自身の事業構造について、事業別・製品別・顧客別・拠点別および機能別等の視点から捉える業績構造分析について概説する
第2編　修正事業計画策定とデューデリジェンスの活用
事業構造分析・業界構造分析の結果を用いて買収対象会社の事業計画の妥当性を検証し、修正事業計画策定を検討するための方法や各種分析結果の活用方法について概説する

Ⅲ　BDDを磨く　シナジー検討とビジネスDD技法
第1編　シナジー分析とアクションプラン策定
買収・出資後に期待される買い手と対象会社間におけるシナジーや、その実現に向けたアクションプランの策定について概説する
第2編　ビジネス・デューデリジェンスの技法
一連のビジネス・デューデリジェンス作業を進めるうえでの情報収集のテクニックや、成果物としての表現手法などの基本的技法を紹介する

Ⅳ　BDDを活かす 各種DDとの連携と応用
第1編　財務・税務・法務・機能デューデリジェンスとの連携
ビジネスDDと同時に実施される財務・税務・法務などの各DDや、各種の機能DD（人事・ITなど）とのデューデリジェンス間の連携について概説する
第2編　ビジネス・デューデリジェンスの応用・派生
ビジネスDDの変形と応用例や属する業界によって異なるビジネスDDの主要論点について概説し、近年多様化する派生型のデューデリジェンスについても紹介する

　本シリーズで取り扱うトピックの連関性と、ビジネスDDの実務上の時系列は**図表0-4**のとおりであり、本書では❺と❻をカバーする。具体的には、買い手と対象会社（売り手）が事業面で協業を図ることにより創出・向上されるシナジーに着目し、施策やQuick Hitsの検討手法や、シナジー実現に向けたアクションプランの策定方法について解説する。そして、本書までで紹介した基本的なビジネスDD解説の1つの区切りとして、実務のテクニック、特に情報収集と成果物の表現における技法を紹介する。

　こうしたトピックがビジネスDDのどの部分に位置づけられるか、現在位置を確認しながら読み進められれば、全体的な理解を得やすいだろう。

図表0-4：ビジネス・デューデリジェンスの全体像と本書の位置づけ

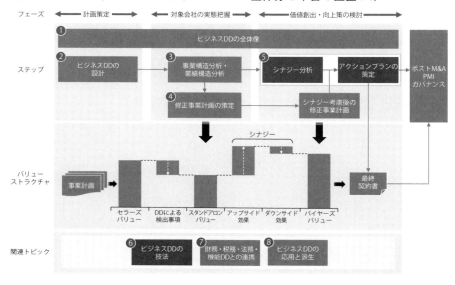

目次

はじめに　3
「ビジネス・デューデリジェンス個別編シリーズ」の概要　6

第1編　シナジー分析とアクションプラン策定

第1章　シナジーおよびQuick Hits施策

1　シナジーおよびQuick Hits施策の概要と抽出ステップ …………… 16
2　シナジー施策案の抽出 ………………………………………………… 17
　(1) 事業構造分析を活用したシナジー施策の検討 ………………… 17
　　①ビジネスプロセスの視点　17
　　②ビジネスインフラの視点　18
　(2) 業績構造分析を活用したシナジー施策の検討 ………………… 19
　　①P／L項目　19
　　②B／S項目　25
　(3) シナジー施策案の整理 …………………………………………… 26
3　シナジーの評価 ……………………………………………………… 27
　(1) シナジーの評価軸 ………………………………………………… 27
　　①実現可能性と経済性　27
　　②優先順位　27
　(2) 実現可能性の評価 ………………………………………………… 28
　　①合意形成　28
　　②リスク・課題　28
　(3) 経済性評価 ………………………………………………………… 31
　　①シナジーの種類　31
　　②シナジーの事業計画への反映　35
4　シナジー施策検討の具体例 ………………………………………… 37
　(1) ケース：専門商社Ａ社による買収 ……………………………… 37
　(2) 6つの成功要因 …………………………………………………… 37
　　①シナジーを適切に捉えた　38
　　②ディスシナジーも慎重に評価した　39

　　　　③P／LのみならずB／S影響額まで踏み込んだ　39
　　　　④シナジー発現のタイムラインも検討した　40
　　　　⑤どちらの会社に帰属するシナジーか意識した　41
　　　　⑥シナジー発現のシナリオを作成した　43
　5　Quick Hitsの抽出　44
　　（1）Quick Hitsがステークホルダーに与える効果　44
　　　　①対象会社の従業員　44
　　　　②買い手側の株主・投資家　45
　　　　③債権者（金融機関）　46
　　　　④取引先　46
　　（2）Quick Hits抽出の具体例　46
　　　　①P／L項目　46
　　　　②B／S項目　47
　　（3）Quick Hits抽出のコツ　48
　　　　①ドキュメントレビューからのQuick Hits仮説抽出　48
　　　　②インタビューによるQuick Hits仮説抽出　49

第2章　アクションプランの策定

　1　「アクションプランの策定」の概要　52
　　（1）位置づけ　52
　　（2）「シナジー考慮後の事業計画」との関係　52
　2　アクションプランの策定　54
　　（1）目　的　54
　　（2）アクションプラン策定の留意点　54
　　（3）アクションプランの検討　55
　3　実効性を高めるインセンティブ設計　55
　　（1）シナジー発現の主体は買い手　55
　　（2）シナジーを実現させるための仕掛け　58
　　　　①（A）親会社内で自己完結　58
　　　　②（B）親会社の努力によって子会社の収益が向上　59
　　　　③（C）子会社の努力によって親会社の収益が向上　59

④（D）子会社内で自己完結　59

第2編　ビジネス・デューデリジェンスの技法

第3章　内部情報収集に必要な3つの"技法"

1　資料提供依頼の"技法" … 64
- （1）資料提供依頼がなぜ重要か … 64
- （2）初期段階の資料提供依頼 … 65
- （3）本格的な資料提供依頼 … 66
- （4）資料提供依頼の留意点 … 67
  - ①資料依頼　67
  - ②資料受領　69
  - ③資料不在　71

2　マネジメントインタビューの"技法" … 72
- （1）マネジメントインタビューとは … 72
- （2）マネジメントインタビューの隠れた目的 … 73
- （3）インタビューする側の留意点 … 75

3　ワークショップの"技法" … 77
- （1）ワークショップとは … 77
- （2）ワークショップの効用 … 78
- （3）ワークショップ運営の進め方 … 79
- （4）ワークショップのテーマ／形態の設定 … 80
- （5）ワークショップの開催 … 80
- （6）マネジメントへの答申 … 81

第4章　外部情報収集に必要な3つの"技法"

1　リサーチの"技法" … 84
- （1）主な情報リソース … 84
- （2）リサーチのプロセス … 84

2　有識者インタビューの"技法" ……………………………………………… 85
　　3　消費者調査の"技法" ……………………………………………………… 87

第5章　便利なチャート集

　1　10チャートの紹介 …………………………………………………………… 90
　　（1）チャートの目的と留意点 ………………………………………………… 90
　　（2）10チャートとは …………………………………………………………… 90
　2　基本チャートの解説 ………………………………………………………… 92
　　（1）構造マップ ………………………………………………………………… 92
　　（2）時系列グラフ ……………………………………………………………… 93
　　（3）プロセス（ステップ）…………………………………………………… 93
　　（4）ウォーターフォール ……………………………………………………… 94
　　（5）ロジックツリー …………………………………………………………… 95
　　（6）イシューツリー …………………………………………………………… 96
　　（7）表（テーブル）…………………………………………………………… 97
　　（8）相関図（因果関係）……………………………………………………… 98
　　（9）マトリックス ……………………………………………………………… 99
　　（10）ガントチャート ………………………………………………………… 101
　3　基本チャートの応用 ……………………………………………………… 102

付　録：ビジネスDDの成果物　105

第1編
シナジー分析とアクションプラン策定

第 1 章

シナジーおよび
Quick Hits施策

1 シナジーおよびQuick Hits施策の概要と抽出ステップ

シナジーおよびQuick Hits施策の検討は、**図表1-1**のとおり、価値創出・向上策の検討フェーズにおける中心的なトピックである。M&A取引の買い手は、買収によって事業や機能を補完し、両者の協業によるシナジー創出を期待する。しかし、漠然としたイメージや期待感だけでは、実際上の企業価値が創出されることはない。

買い手が期待する対象会社とのシナジーを検討するには、「買い手の経営資源を活用し、どのようなシナジーを創出させるか」が重要である。シナジー施策の検討手法について、ビジネスDDにおける外部／内部環境分析手法である事業構造分析と、業績構造分析のフレームワークを用いて詳説する。

図表1-1のようにまず事業構造分析のビジネスプロセス分析、ビジネスインフラ分析の視点、業績構造分析のP／L項目、B／S項目の視点から、想定されるシナジーを抽出する。これが第2節の「シナジー施策案の抽出」である。次に、抽出されたシナジーを実現可能性、経済性の視点から評価する。どのような評価

図表1-1：シナジー施策の検討ステップ

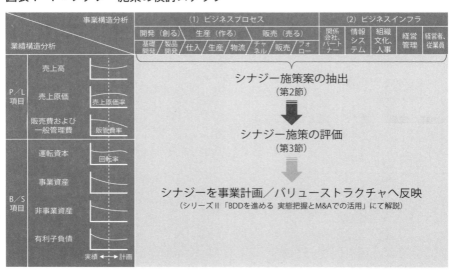

軸を用いるかなどについては、第3節「シナジーの評価」にて解説する。最後に、シナジーを事業計画に反映させる。

これらに加え、第4節では、ケースを交えた「シナジー施策検討の具体例」を、またシナジーのうち、施策効果の実現が1年以内に見込まれる「Quick Hitsの抽出」については第5節において解説する。

2 シナジー施策案の抽出

（1）事業構造分析を活用したシナジー施策の検討
①ビジネスプロセスの視点

ビジネスDDにおける分析の一手法であるビジネスプロセスの視点から、シナジー施策を検討する。代表的なシナジー施策には以下があげられる。

開発（創る）

開発プロセスには、基礎開発や製品開発の活動がある。本プロセスで想定されるシナジー例として、開発関連のデータベースの共用化や、相互の技術供与による開発精度・開発スピードの向上、製品開発の成功確度向上による上市製品数の増加などが挙げられる。開発関連のシナジーは、大きな収益が見込める商品の効率的な創出につながり、売上増加に対する影響が大きい。過去の開発実績から製品開発から上市までの成功確率や上市率を製品別に分析することで、その効果を定量的に算定することも可能である。

ただ、研究開発業務は、属人的な要素が大きい。優秀な研究者や技術者、デザイナーやクリエーターなどのキーパーソンに重要な開発業務が依存する場合は要注意である。このような人物の引き留め策（リテンション）は極めて大事であり、逆に離職やモチベーションダウンの回避策が必要だ。万が一、そのような事態になれば、シナジーは期待できないばかりか、対象会社単独での競争力も削がれる結果となりかねない。

開発プロセスに限らず、キーパーソンへの依存度が高い場合には、シナジー創出の不確実性が高まるといえる。経営資源の種類と、シナジー創出の難易度の関係性については、次節において詳述する。

生産（作る）

生産プロセスには、仕入や製造、物流などがある。当該プロセスで想定される

シナジーとして、例えば、集中購買による調達コストの低減や、物流拠点の集約化によるコスト削減などがあげられる。特に、製造業における製造拠点においては、対象会社と買い手の製造拠点が有する機能に重複がある場合、拠点や機能の統廃合によるコスト圧縮も期待される。例えば、重複拠点の一方を新製品の生産ラインへと改編することにより、製品供給力を高め、売上向上機会の最大化を狙うことができる。

なお、拠点統廃合では、工場閉鎖などの一時的な統廃合コストも発生する点に留意が必要であり、当該コストはディスシナジーとして認識する必要がある。

販売（売る）

販売プロセスでは、販売や流通チャネル、アフターサービスなどに関する活動が含まれる。当該プロセスで想定されるシナジーには、買い手・対象会社の製品を双方の顧客に対して販売するクロスセリング[1]や、優れた営業手法を他方にノウハウ提供する営業力強化などがある。業界で2番手あるいは3番手にいる買い手が、業界中位の企業の買収によりマーケットシェアを一挙に拡大させ、業界首位を狙うこともできる。M&A取引の成功により、業界首位を獲得できれば、業界のプライスリーダー[2]の地位を確立することも可能である[3]。

逆に、同業同士のM&A取引において、買い手と対象会社の営業拠点、顧客やチャネルが重複する場合がある。販売関連の拠点や機能の重複により、統合後の販売効果が1＋1が2以上とならず、逆に、当初想定した販売目標数値を下回る、ということもあり得る。買い手と対象会社の顧客や取引先の重複によるカニバリゼーション[4]が原因である。このように両社協業により、かえってディスシナジーを生み出す事例もあり、ビジネスDDの段階で慎重に精査し、ディスシナジーに対する対処策も検討しておく必要がある。

②ビジネスインフラの視点

ビジネスインフラ視点からの代表的なシナジー施策として、情報システム統合

---

1 クロスセリングとは、ある商品に関連する別商品の販売を促進することであり、「クロスセリング」または「クロスセル」という。商品を販売する際に、関連性の高い商品を並べて提供することで、販売促進につなげることを目的としている。
2 プライスリーダー（Price Leader）とは、ある市場において価格支配力を持ち合わせている企業、価格先導者のことを指す。
3 ただし、極度に市場の寡占度を高めるようなM&A案件の場合には、独占禁止法の観点からの注意が必要である。
4 カニバリゼーションとは、同一企業のブランドや製品同士が、市場で同じ顧客層を取り合って売上や利益を奪い合うことを指す。

によるコスト削減や経営層の刷新、間接機能の縮小による効率化、経理・財務部門の強化による管理会計力の強化などがあげられる。例えば、金融機関同士の合併においては、情報システムの統合が話題にのぼることが多い。情報システムが事業運営において重要な役割を果たす金融業界では、買い手・対象会社のシナジー創出にはシームレスな情報システムの統合が必要不可欠である。当該業界における情報システム統合は、IT費用削減のコストシナジーとして影響が大きいだけでなく、統合を象徴するイベントとして話題になることも多い。

なお、一般的に、買い手の情報システムが対象会社より優れている場合には、買い手の情報インフラに統一し、逆の場合は、売り手のインフラへ統合することが多い。ただ、両社ともに情報システムが老朽化している場合、新たなシステム構築をすることもある。買い手、対象会社が既存システムに固執しすぎることで、部分的につぎはぎしただけのシステム統合は避けなければならない。このように、情報システムの統合は、M&A取引における最重要検討事項の1つであり、覇権争いの材料となることも多いため、M&A取引の早い段階でシステム統合方針を決定しておくことが求められる。情報インフラの重要性が高い場合には、ビジネスDDに加えて、IT DDの実施も推奨されるところだ。

ビジネスインフラは、経営・事業の基盤そのものである。統合作業は相応の困難が想定されるが、一度、最適なビジネスインフラを構築できれば、中長期的な事業基盤として果たす役割は大きい。また、コストシナジーとして、安定的な効果を享受することも可能だ。ポストM&Aを見据え、早期にインフラ統合を実現し、安定した運用体制を築けるか否かが鍵となる。

(2) 業績構造分析を活用したシナジー施策の検討

次に、業績構造分析の視点から見たシナジーについて、P／L、B／Sの科目ごとに解説する。業績指標は業種や業態によって異なるが、本書では、あらゆる業界で共通的に議論されるようなシナジー施策について例示した。

①P／L項目
売上高

売上増加につながるシナジー施策の代表例としては、買い手の独自製品を対象会社の顧客に販売するクロスセリング、店舗のリニューアルやブランド統一によ

図表1-2：売上高に関連するシナジー（例）

P/L項目	売上高
	売上原価
	販売費および一般管理費
B/S項目	運転資本
	事業資産
	非事業資産
	有利子負債

シナジー	効果 超短期	効果 短中期
クロスセル	○	○
店舗のリニューアル	○	○
ブランド統一によるPR効果		○
商品カバレッジの拡大		○

（注）○は一般的に効果が期待されやすいもの

るPR効果、商品カバレッジの拡大などがある。

売上増大のシナジー施策は、市場動向や競争環境など、自社では制御不可能な要因に依存することも多く、短期間で確実に成果を見込める施策は限られる。その中でも、クロスセル・シナジーは、比較的短期間に成果が見込める施策である。例えば、消費者の購買履歴情報を活用し、誰がいつ何を買ったか、その際に一緒にどのような商品を買ったのか、というような情報を分析することにより、クロスセリングの対象となる関連性の高い商品を発見することができる（**図表1-2**参照）。

あるアパレルメーカーでは、顧客の直近購入時期、単価、頻度などの履歴だけでなく、購入時間・タイミングや（ウェブサイトからの）離脱ページをもとに、顧客個人の行動特性や関心が高い商品群を理解したうえで、クロスセルキャンペーンを実施している。当該キャンペーンでは、ユーザーの関心を引きうる商品のリコメンデーションのみならず、特定商品の購入により、他の商品への購買意欲を誘引するなど、高度なマーケティングを実現した。

売上原価

売上原価に関連するシナジー施策は、仕入先のサプライヤの絞込みや生産拠点の統廃合などが代表例である。社内の意思決定だけで実行できる施策が多く、その実現可能性は高い。

図表1-3：売上原価に関連するシナジー（例）

P/L項目		シナジー	効果 超短期	効果 短中期
P/L項目	売上高	競争入札の導入	○	○
	売上原価	共同仕入によるボリュームディスカウント	○	○
	販売費および一般管理費	サプライヤ・外注先の見直し・絞込み		○
B/S項目	運転資本	不採算ブランドからの撤退		○
	事業資産	購買部門の統廃合		○
	非事業資産	工場や生産ラインの統廃合		○
	有利子負債	PB商品導入による原価率低減		○
		商品コンポーネントの共有化		○
		外注作業の内製化		○
		歩留まりの向上		○
		発注精度の向上		○

（注）○は一般的に効果が期待されやすいもの

　M&Aによる株主の変更をきっかけに、対象会社が、従来からの古い関係性によりその柵（しがらみ）を絶つことができなかった取引先との関係性を見直す好機になる。例えば、取引先やサプライヤとの契約条件の改善を図ることは、ポストM&Aにおける重要な施策の1つである（**図表1-3**参照）。仕入条件における支払サイト延長の交渉では、当該サプライヤの同意が必要となる。通常の契約交渉では難しいことも、M&Aによる経営方針変更などを説明材料にして、条件の改善を図れるよい機会である。案件次第では、対象会社単独での交渉のみならず、買い手や金融機関、他の株主などのステークホルダーの力を借りて、サプライヤ交渉することも一案である。

販売費および一般管理費（販管費）

　販管費に関連するシナジー施策については、人件費、営業費、物流費、その他販管費に分けて解説する。

ａ）人件費

　販管費のうち、人件費に関するシナジー施策には、従業員の賞与水準の見直しや役員報酬の削減、間接部門のアウトソースなどが想定される。売上原価関連の施策と同様、自社内で実現できるものが多く、即効性も期待しやすい。一方で、人員の削減や極端な賞与カットなどの施策は、社員のモチベーション低下による

図表1-4：販管費（人件費）に関連するシナジー施策（例）

P/L項目 / B/S項目		シナジー	効果 超短期	効果 短中期
P/L項目	売上高			
	売上原価	給与・賞与カット	○	○
	販売費および一般管理費	役員数・役員報酬カット	○	○
		間接部門人員の削減	○	○
B/S項目	運転資本	希望退職	○	○
		所定外賃金の抑制（残業規制等）	○	○
	事業資産	採用抑制	○	○
		間接部門の統廃合		○
	非事業資産	間接部門のアウトソーシング		○
		派遣・パート社員の活用	○	○
	有利子負債	社宅の廃止	○	○

（注）○は一般的に効果が期待されやすいもの

人材流出リスクや企業イメージ低下を惹起しかねず、細心の注意が必要となる。人件費に関連する施策は、単純に財務的なコスト削減効果のみで判断せず、メリット／デメリットを慎重に考慮することが肝要である（**図表1-4**参照）。

b）営業費

営業費に関するシナジー施策には、社用車の削減・リース化や電話会議システム活用による出張費削減など、自社主導で実現できるものと、商品（ブランド）・取引先・流通チャネルの見直しや絞込みなど、社外のステークホルダーとの交渉が必要であるものがある。例えば、多額のライセンスフィーが発生する業態の場合、ブランド数の絞込みによるライセンスフィー削減など、M&Aを契機に交渉することで実現を見込める施策案の1つである。特に、ブランドポートフォリオの管理体制が不十分な企業の場合は、収益性や成長性の低いブランドに対しても過剰なライセンスフィーを負担している可能性もある。そのような場合、ブランド／製品ポートフォリオを分析し、ライセンスフィーの削減余地を検討すべきである（**図表1-5**参照）。

ただし、上述した人件費同様、営業費のコスト削減により、販売活動を停滞させるデメリットも想定され、収益性の著しい悪化を招くリスクもある。シナジー施策の検討にあたっては、メリット／デメリットをバランスよく考慮することが必要である。

図表1-5：販管費（営業費）に関連するシナジー施策（例）

区分	項目	シナジー	効果 超短期	効果 短中期
P/L項目	売上高			
	売上原価			
	販売費および一般管理費	リベートの削減	○	○
		広告媒体の見直し	○	○
		ブランド・取引先の見直し・絞込み		○
		流通チャネルの見直し・絞込み		○
		広告代理店との契約見直し		○
		営業拠点の統廃合		○
		ITシステムの変更・見直し		○
		コールセンターの統廃合		○
		Web会議システムの導入（出張の削減）	○	○
		社用車の削減・リース化	○	○
		社員旅行の廃止	○	○
B/S項目	運転資本			
	事業資産			
	非事業資産			
	有利子負債			

（注）○は一般的に効果が期待されやすいもの

c）物流費

物流費に関するシナジー施策は、3PL[5]業者への物流業務の委託や、買い手と対象会社の共同配送・共同倉庫の導入などがあげられる。物流関連のシナジー施策に向けては、社外のステークホルダーとの交渉を要する場合が多いが、実現すれば即効性を期待できるものも多い。特に、卸売業や商社、製造業の場合には、販管費に占める物流費の比率が高いことが多く、シナジー施策としての期待は高い（**図表1-6**参照）。

d）一般経費

販管費におけるその他費用の関連では、不動産や研究開発に関連する施策、オフィスサプライの契約見直しなど、一般経費に関連するシナジー施策があげられる。対象会社のコスト管理体制が甘い場合にはコスト削減余地が大きい。競合他社とのコスト構造のベンチマーク[6]から、高水準にあるコスト項目については、調達の決裁や運用プロセスなどの業務状況をヒアリングすることが有益である（**図表1-7**参照）。

---

[5] 3PL：3rd Party Logistics。企業の流通機能全般を一括して請け負うアウトソーシングサービスのこと。
[6] 対象会社の強みや弱みを抽出する目的で、製品・サービスやケイパビリティなどを同一業界の競合他社と比較すること。

図表1-6:販管費(物流費)に関連するシナジー施策(例)

P/L項目	売上高
	売上原価
	販売費および一般管理費
B/S項目	運転資本
	事業資産
	非事業資産
	有利子負債

シナジー	効果 超短期	効果 短中期
共同配送の導入	○	○
3PL業者への委託		○
ITシステムの導入		○
共同倉庫の導入		○
物流拠点の統廃合		○
庫内業務委託契約の見直し	○	○
物流拠点の家賃見直し		○

(注)○は一般的に効果が期待されやすいもの

図表1-7:販管費(一般経費)に関連するシナジー施策(例)

P/L項目	売上高
	売上原価
	販売費および一般管理費
B/S項目	運転資本
	事業資産
	非事業資産
	有利子負債

分類	シナジー	効果 超短期	効果 短中期
一般経費	保有不動産の流動化		○
	本社の統合・移転	○	○
	情報システム部のアウトソーシング		○
	賃借契約の見直し		○
	研究領域の絞込み		○
	研究開発費の削減		○
	省エネ推進による水道光熱費の削減	○	○
	オフィスサプライの契約見直し	○	○

(注)○は一般的に効果が期待されやすいもの

②B／S項目

運転資本

運転資本関連でのシナジー施策としては、CMS[7]や売上債権流動化などがあげられる。運転資本の効率化は、直接的にはP／L（利益）に影響はないものの、企業価値に直結するキャッシュフローへの貢献が大きいため、十分に検討したい（**図表1-8**参照）。

非事業資産

非事業資産関連のシナジー施策には、遊休資産の売却や保有不動産の流動化など、非効率資産の圧縮策があげられる。事業に十分に活用されていない土地や設備でも、保有だけで維持管理費用が発生する。事業の価値に直結しない遊休資産の売却により、維持管理コストの削減や、借入金返済やコア事業に売却資金を活用することができる。対象会社が保有する資産が、企業価値向上の観点からその要否を冷静に判断することが必要だ。なお、遊休資産の売却検討の際、想定売却価格が簿価を下回ると、売却損としてP／Lに計上されることに留意する。業績への影響も考慮し、非事業資産の圧縮策を検討すべきである（**図表1-9**参照）。

図表1-8：運転資本に関連するシナジー（例）

大分類	中分類		分類	シナジー	効果（超短期）	効果（短中期）
P／L項目	売上高		売上債権	現金決済の拡大	○	○
	売上原価			売上債権流動化		○
	販売費および一般管理費			CMSによる集中管理		○
				取引先とのサイト短縮交渉		○
B／S項目	運転資本		棚卸資産	商品点数の削減		○
	事業資産			共同仕入の導入	○	○
	非事業資産			在庫管理システム導入による在庫最適化		○
	有利子負債			生産リードタイムの短縮		○
			仕入債務	サプライヤー・外注先とのサイト延長交渉		○
				CMSによる集中管理		○

（注）○は一般的に効果が期待されやすいもの

---

7 キャッシュマネジメントシステムの略称。企業内やグループ内にある資金を一元的に管理する手法。

図表1-9：非事業資産に関連するシナジー（例）

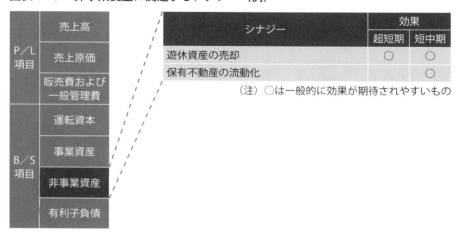

（3）シナジー施策案の整理

上述のとおり、事業構造や業績構造の視点から抽出したシナジー施策は、**図表**

図表1-10：シナジー施策案整理のフレームワーク（例）

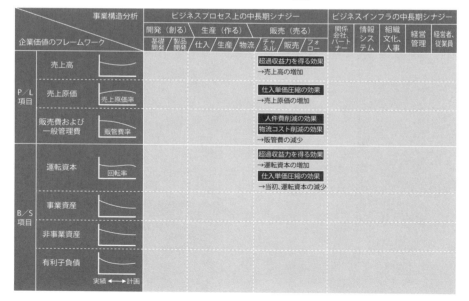

1-10のようなフレームワークにより整理しておくと良い。本事例では、前述の(1)①の「販売（売る）」において記載した「業界首位になる」ケースに関連するシナジー施策をまとめたものである。

3 シナジーの評価

(1) シナジーの評価軸

本節では、上記までで抽出されたシナジー施策の評価手法について解説する。

①実現可能性と経済性

シナジー施策は、実現可能性と経済性の2つの評価軸を用いて評価し、施策群の優先順位づけをする。シナジー余地を認識するだけでは十分でなく、M&A取引後に、具体的な行動によって企業価値を創出・向上しなければ意味がない。シナジー施策の評価および優先順位づけが、ポストM&Aにおける施策実行の順番や経営資源の優先配分など、具体的取り組みの検討を可能とする。

②優先順位

図表1-11のように、実現可能性が高く、経済的な効果も大きいシナジー施策

図表1-11：シナジーの優先順位づけ

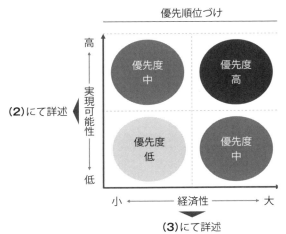

は、優先度が高い。実現可能性もしくは経済的効果のどちらかが低いシナジーは、施策案を再精査して、更なる優先順位づけを検討する。実現可能性、経済的な効果がともに少ないシナジーは、ポストM&Aにおける実行の優先順位は下げるべきであろう。

ビジネスDDの実施期間内では、実現可能性や経済性の初期的分析に留まることもある。その場合でも、ビジネスDD終了後、最終契約書締結の直前までシナジー分析の精査作業を継続し、詳細化していくべきだ。ポストM&Aにおけるシナジー施策の実行こそが、M&Aの成否を決めることを肝に銘じておきたい。

(2) 実現可能性の評価

シナジー施策の実現可能性の評価では、主に、「合意形成」と「リスク・課題」の観点を検討する。

①合意形成

合意形成が必要な相手は、社内の関係部署や労働組合、顧客、取引先、債権者や株主等の利害関係者である。例えば、集中購買による調達価格低減というシナジー施策ではサプライヤとの交渉が必須であり、合意なしではシナジーは実現し得ない。本ケースのように合意形成の相手が社外のステークホルダーの場合、社外関係者に当該M&A取引の存在を知られないように留意しながら、「仮に、○○を相談させてもらう場合、どのような対応が想定されるか」といった形で、あらかじめ実現確度の感触を確かめることも一案である。

②リスク・課題

シナジー施策の実現において想定されるリスクや課題を検討する。例えば、工場閉鎖をともなうようなシナジー施策の場合、リストラクチャリングによる社員モチベーションの低下が危惧される。また、土壌汚染などが顕在化するリスクや、工場閉鎖による拠点撤退を容認しない地元からの反発も出るかもしれない。このように、シナジー施策実現の障害や実行にともなって新たに発生する問題を事前に認識をする必要がある。

なお、シナジー施策の実行段階では、企業の多くの経営資源が投入される。施策の目標や成功を可能にする人や組織・手段などをイネーブラーと呼ぶことがあ

る。シナジー施策のイネーブラーとしての経営資源は、「ヒト」、「モノ」、「カネ」、「情報」の4つの要素があるが、経営資源のアベイラビリティや投入の可否、当該資源を維持できるかどうかの不確実性、などのリスクが内在する。そのようなリスクの発生可能性が高い場合や、可能性が低くとも一度発生すれば甚大なインパクトを及ぼす場合などは、慎重な精査が必要だ。したがって、シナジーの実行可能性を見極めるうえで、経営資源の観点からリスク・課題を洗い出しておくことは有用といえる。シナジー創出の難易度マップとして、ビジネスプロセスごとにシナジー施策に求められる経営資源を示したものが**図表1-12**である。特に、経営資源の中でも「ヒト」に依存するシナジー施策は、有機的な「ヒト」が有する不確実性(「ヒト」に対して必ずしも買い手の思惑どおりにならない可能性)が高く、シナジー創出の難易度が相応に高いことが多い。

「ヒト」の重要性が高いシナジー

「ヒト」がシナジー施策におけるイネーブラーであり、その重要性が高い場合には注意が必要だ。「ヒト」は会社の状況や職場環境、労働条件の変化に敏感であり、買い手が想定したシナリオのとおりにはならない場合が多いからだ。例えば、過剰な報酬カットや人員削減などの施策は、従業員のモチベーションを急激に低下させる。M&A取引前後での人事政策の変更が、優秀な人材の離職を誘発することもあり得る(退職を希望する社員の慰留は難しい)。「ヒト」への依存度が

図表1-12：シナジー創出の難易度マップ

高いシナジーは、その人材自体が競争優位の源泉であり、それゆえに他社も模倣しづらい。一方で、人材流出により当初想定のシナジーが全く実現されないリスクも内在する。このようなリスクに対処すべく、買い手は売り手との間で、特定のキーパーソンの流出を防ぐリテンション策を定める場合もあるが、すべての従業員を拘束させることは難しく、やはり「ヒト」のリスクは完全にコントロールしきれない。リスク・課題の精査では、必ずしも当該人材を活用したシナジーを定量化できるとは限らず、少なくとも定性的には認識しておくことが重要である。

「情報」の重要性が高いシナジー

「情報」がシナジー施策のイネーブラーになる場合、当該情報が形式知なのか暗黙知なのかにより、情報活用によるシナジー創出の難易度が異なる。例えば、特許や取引先データなどのデータベースは、特定人材の知見に依存せずに、アクセスさえできれば誰でも活用な形態に整理されており、いわば形式知化されている。

一方で、技術ノウハウや営業ノウハウなどは、特定の人間の頭にしかないものであり、当該人物以外とは共有されていない。いわばブラックボックス化されており、暗黙知の状態のままである。シナジー施策のイネーブラーという観点では、形式知化された情報は、買い手と対象会社の間において相互利用が可能であることから、それらを活用したシナジーの測定が比較的容易である。一方、暗黙知のままの情報は、相互利用の可能性を推し量ることも困難である。特に後者のケースでは、ノウハウなどの情報の価値というより、上述した「ヒト」としての価値そのものでもある。

リスク・課題の整理では、形式知化された情報活用によるシナジーは、その内容を吟味することでシナジーの実現度合いへの影響を検討する。シナジーの定量化もしやすい場合が多い。一方、暗黙知のノウハウは、当該ノウハウを継続的に所有・保持できたと仮定して、シナジーを定量化する。ただし、上述のとおり、重要ノウハウを有する人材の流出等のリスクについては、定性的に抑えておく必要がある。

「モノ」と「カネ」の重要性が高いシナジー

研究開発や生産設備、原材料や部品などの「モノ」自体がイネーブラーとなる場合、実体のある資産の活用によるシナジー創出が多い。これら「モノ」としての価値の正確な見極めは、リスク・課題の抽出で肝要である。例えば、当該設備

の老朽化や技術的陳腐化により、シナジー創出で求められる機能を果たせないばかりか、追加投資が必要になれば、シナジーどころの話ではない。

一方で、「カネ」についても同様に、その価値の精査が肝要である。買掛金や売掛金（シナジー創出のイネーブラーになるケースは稀）など、回収／支払可能性を踏まえた実態的価値の把握が、リスク・課題の把握としては重要だろう。

「モノ」「カネ」に関わるシナジー施策についても、実務的には、そのリスク・課題を定量（可能な限り）／定性の両面から把握し、重要な実現可能性の評価材料とする。

(3) 経済性評価

もう1つの重要な評価軸である経済性評価では、各シナジー施策を定量化したうえで、その経済的効果の大きさを評価する。経済的効果は、財務的な影響額や、経済的効果が発生するタイミングを含めた効果をいう。

経済的効果の観点からシナジー施策を捉え、主に売上成長を期待した売上（トップライン）シナジー、コスト削減を狙ったコストシナジー、また逆に両社協業が負の影響をもたらすディスシナジーに整理したうえで、シナジーの経済性評価の留意点について解説する。

①シナジーの種類

売上シナジー

売上シナジーは、両社の協業により創出される売上高の成長・拡大に関わるシナジーであり、トップラインシナジーともいう。代表的な売上シナジーとしては、（上記で既出の）クロスセル・シナジーがある。買い手と対象会社の取り扱い製品を相互の顧客に販売することにより、売上成長を見込む[8]。顧客ニーズや市場動向、競争環境などの外的影響に依存することが多く、コストシナジーと比較すれば、実現の難易度が高いことが多い。

図表1-13では、X社とY社の協業により想定されるシナジー施策を整理し、定量化した。この中で、「②X社がY社の顧客に対するクロスセル」、「③Y社がX社の顧客に対するクロスセル」は、X社とY社が展開する製品における相互送

8　買い手と対象会社の間で、相互の商品／商圏カバレッジを補完することを「ホワイトスペース」を埋めるシナジーともいう。

図表1-13：抽出したシナジーの定量化の例

期待される シナジー効果	想定効果 算出ロジック （シナジーによるP/Lインパクト）	事業 インパクト （営業利益）	倍率	一時的コスト （統合コスト）	経済的効果 （現在価値）
①企画担当MDの ノウハウ共有化	生産性向上後の売上高 [1,000億円 × 1＋1%] － 現状の売上高 [1,000億円] Y社売上高　生産性向上率　　Y社売上高	10億円	× 10倍	改善投資 20億円 MD研修費用・ 研修施設投資	80億円
②X社がY社の顧客に 対するクロスセリング	クロスセルによる増加顧客数 [2百万人 × 50% × 10%] × X社顧客1人当たり営業利益 [600億円 ／ 8百万人] Y社顧客数　X社・Y社　新規顧客　　X社営業利益　X社顧客数 顧客重複率　獲得率	7.5億円	× 10倍	販売権入れ 10億円 営業マン教育・ 販売インセンティブ	65億円
③Y社がX社の顧客に 対するクロスセリング	クロスセルによる増加顧客数 [8百万人 × 50% × 10%] × Y社顧客1人当たり営業利益 [100億円 ／ 2百万人] X社顧客数　X社・Y社　新規顧客　　Y社営業利益　Y社顧客数 顧客重複率　獲得率	20億円	× 10倍	販売権入れ 10億円 営業マン教育・ 販売インセンティブ	190億円
④業務の重複排除による コスト削減	整理従業員数 [2,000人 × 10%] × 1人当たり人件費 [0.05億円] Y社バックオフィス　整理対象　　Y社バックオフィス 従業員数　業務割合　　　1人当たり人件費	10億円	× 10倍	リストラ費用 20億円 割増退職金等	80億円
⑤X社とY社の 生産拠点統合	現状の生産拠点維持費用 [500億円 ＋ 200億円] － 統合後の生産拠点維持費用 [500億円 ＋ 190億円] X社費用　Y社費用　　　　　X社費用　Y社費用	10億円	× 10倍	拠点統合コスト 10億円 移転費用・ 施設清算費用	90億円
⑥X社とY社の 物流センターの集約	現状の物流拠点維持費用 [250億円 ＋ 100億円] － 統合後の物流拠点維持費用 [250億円 ＋ 95億円] X社費用　Y社費用　　　　　X社費用　Y社費用	5億円	× 10倍	販売権入れ 5億円 セールスパーソン教育・ 販売インセンティブ	45億円
⑦類似ブランドの 統廃合	売上高減少分 [50億円] 当該製品による売上高 － 費用減少分 [37億円 ＋ 8億円] 当該製品　当該製品への 原価　　　間接費配賦分	▲5億円	× 10倍	0億円	▲50億円
⑧従業員やキーパーソン の流出	流出従業員数 [2,500人 × 5%] × 従業員1人当たり利益貢献 [100億円 ／ 2,500人] Y社フロント　流出見込率　　Y社営業利益　Y社フロント 従業員数　　　　　　　　　　　　　　　従業員	▲5億円	× 10倍	0億円	▲50億円

注：EBITDA倍率の一般的な水準として、「営業利益×（1－実効税率（40%と仮定））／割引率（6%と仮定）」より算出。

客・販売効果として、それぞれ年間約7.5億円、約20億円の営業利益増を見込んでいる（さらに、簡便的なEBITDA倍率を10倍として、事業価値ベースで経済的効果まで推計している）。本事例の場合、両社の取り扱い製品には競合他社が取り扱わない製品もあり、かつ両社でカニバリゼーションは起こらず、その実現性は高いものと認識した。クロスセル・シナジーでは、机上の空論を避けるべく、実際の営業・マーケティングの現場もイメージした現実的な定量化を意識する必要がある。

コストシナジー

コストシナジーでは、両社の重複機能や業務の効率化などによりコスト削減を狙う。買い手や対象会社自身による自助努力によりコントロール可能な施策が多く、実現可能性が高い場合が多い。

例えば、図表1-13にある「⑤X社とY社の生産拠点統合」は、X社とY社がそれぞれ保有する生産拠点を統合し、重複業務を廃止することで、年間約10億

円のコスト削減を見込んでいる。本事例の場合、M&A取引の交渉初期の段階で、拠点統合の合意がなされており、過去の拠点統合の実績からコスト削減効果の影響額としても妥当な水準と判断し、実現可能性が高いコストシナジーと整理された。

　ディスシナジー

　ディスシナジーは、M&A取引により、シナジーとは逆に、追加的な投資や人材離反や顧客流出など、企業価値を毀損させる負のシナジーをいう。例えば、両社保有のシステム統合のための追加的なIT投資や、顧客重複のカニバリゼーションにともなう売上の減少、などがあげられる。

　図表1-13の事例では、「⑧従業員やキーパーソンの流出」がディスシナジーであり、対象会社であるY社の一部人材（フロント従業員の5％）の他社流出により、年間約5億円の営業減益と見積もった。「ヒト」のリスクは上述したとおりだが、当該M&A取引に、対象会社の経営者や従業員が必ずしも協力的というわけではない。買い手は、優秀な人材流出というようなディスシナジーを極力抑制する工夫をすべきだが、すべてのリスクを排除することは難しい。当該リスクが顕在化する可能性があるのであれば、ディスシナジーとして定量的に認識しておくべきである。

　定量効果を買収価格に考慮しないシナジー施策

　定量化されるシナジー施策のすべてが、買収価格へ反映されるわけではない。利益創出が期待される施策の場合でも、買収価格として見込まないものも多い。例えば、実現に向けた不確実性が高く、その効果の測定が難しい場合には、買収価格におけるシナジーとしては考慮しない。

　図表1-13の「①企画担当MDのノウハウ共有化」は、1％の生産性向上による売上増大効果として定量化したものの、その実現の蓋然性が測りにくく、買収価格の検討では当該効果は考慮しなかった。買収価格へ織り込むには、少なくとも実現可能性を相当程度、推し量れるように施策の詳細化が必要である。例えば、企画担当MDのノウハウが不特定多数の消費者の購買データ分析であれば、その結果、ホワイトスペースの導出を可能とし、クロスセリングとして認識すべきである。逆に、「共有化」という曖昧な言葉に、シナジーを依拠するのは危険ともいえる。不確実性の高い施策効果の分析のままで買収価格へ織り込むべきではない。これは、M&Aにおける高値づかみによる失敗回避の基本ともいえる。

図表1-14：シナジーの推計（例）

No	具体的効果	算出根拠	項目	20X8 3月期	20X9 3月期	20X0 3月期	20X1 3月期	20X2 3月期
1	超過収益力を得る効果	・超過収益力を得ることにより、単価調整力が得られる ・その結果、売上単価の下落率が低くなると同時に、売上高が増加する ・売上高が増加する分、売掛金が増加し、運転資本が増加する	売上高	1,200	1,350	1,500	1,700	2,200
			売上原価	945	998	1,052	1,148	1,301
			人件費					
			その他販管費					
			営業利益	255	352	448	552	899
			特別損失					
			投資（資本的支出）					
			減価償却費	25	25	26	27	29
			売掛金の増加分	2	8	6	7	10
			棚卸資産の増加分					
			買掛金の増加分					
			小計	278	369	468	572	918
2	人件費削減効果	・人材を効率的に配置することにより、製造部門と営業部門の人件費削減効果が見込まれる ・早期退職は導入せず、配置転換により人員を吸収する ・M&A後1～2年は段階的に実施する。3年以降は体制が整い人件費を製造部門で150百万円／年、営業部門で150百万円／年を削減できる	売上高					
			売上原価	-50	-70	-150	-150	-150
			人件費	-50	-70	-150	-150	-150
			その他販管費					
			営業利益	100	140	300	300	300
			特別損失					
			投資（資本的支出）					
			減価償却費					
			売掛金の増加分					
			棚卸資産の増加分					
			買掛金の増加分					
			小計	100	140	300	300	300
3	仕入単価圧縮効果	・買い手と対象会社とで一括購入することにより、仕入物量が増加し、仕入単価の圧縮が可能である ・売上原価削減が期待できる ・仕入金額が減少する分、当初は運転資本が縮小する	売上高					
			売上原価	-105	-100	-100	-100	-100
			人件費					
			その他販管費					
			営業利益	105	100	100	100	100
			特別損失					
			投資（資本的支出）					
			減価償却費					
			売掛金の増加分					
			棚卸資産の増加分					
			買掛金の増加分	-5				
			小計	100	100	100	100	100

4	物流コスト削減効果	・買い手および対象会社の物流ルートを整備することにより、効率的な配送が可能となる ・80百万円／年の物流コストの削減が見込める ・効率化のための初期投資として初年度だけ300百万円のコストが発生する	売上高					
			売上原価	-80	-80	-80	-80	-80
			人件費					
			その他販管費					
			営業利益	80	80	80	80	80
			特別損失					
			投資（資本的支出）	300				
			減価償却費					
			売掛金の増加分					
			棚卸資産の増加分					
			買掛金の増加分					
			小計	-220	80	80	80	80
	合計		売上高	300	400	500	600	960
			売上原価	-235	-250	-330	-330	-330
			人件費	-50	-70	-150	-150	-150
			その他販管費					
			営業利益	585	720	980	1,080	1,440
			特別損失					
			投資（資本的支出）	300				
			減価償却費					
			売掛金の増加分	24	27	30	34	45
			棚卸資産の増加分					
			買掛金の増加分	-5				
			ネットキャッシュイン合計	256	693	950	1,046	1,395

②シナジーの事業計画への反映

　個別のシナジー施策の綿密な検討を踏まえて、事業計画への落とし込みの手法を解説する。ここでは、図表１-10で例示した４つの効果が期待できると仮定する。

- 価格調整力をテコにした超過収益力を生み出す効果
- 人材の効率的配置による人件費削減効果
- 仕入物量が増加することによる仕入単価圧縮効果
- 配送が効率化されることによる物流コスト削減効果

シナジーの事業計画への落とし込み

　図表１-14は、シナジーの経済性評価をもとにして、事業計画の形式で整理した一例である。本事例では、上述した４つの効果ごとに定量化している。シナ

ジーが存在しない場合と比較して、どの程度の追加的なキャッシュインが期待されるか、あるいは一時的なキャッシュアウトが想定されるかを見積もっている。ここでは、企業価値に与える影響まで把握すべく、P／Lの営業利益に加え、投資や減価償却、運転資本などのキャッシュフロー項目まで認識した。図表1-10の運転資本に記載された2つの項目についても、それぞれの効果ごとに影響額を推計した。

投資額の算定

シナジーの推計では、売上高や営業利益などのP／L影響額のみならず、投資額の推計も重要である。シナジーは投資なしでは実現できないものも多い。投資額を推計することで、投資に見合ったシナジーなのか、投資回収に何年を要するのか、なども把握する。また、投資額の把握により、対象会社の資金繰りや資金調達方法に問題がないかについても判断ができる。

シナジー発現のタイミング

P／L影響額の推計の際、シナジーが現れるタイミングについても注意を要する。シナジーが一過性のものか、継続した効果が期待されるかも確認する。図表1-14では、事業計画と同様に5年間の期間におけるシナジーを推計しており、事業計画と整合させることで、企業価値算定の作業にも反映しやすい。

シナジー算定の根拠

シナジーを推計する際、当該数値が論拠に乏しい目標値になってはいけない。ある事例では、売上高10％向上というシナジーが当初期待されていた。当該数値には根拠がなく、実際には経営幹部の発言が1人歩きしただけであり、「売上高10％アップ」は単なる目標であることが後でわかった。ポストM&Aにおいて、具体的施策の実行を通じて、これを実現しなければならない。そのためにも、目標に留まらず、具体的な施策として提示されていること、また実現可能性が十分に検討されている必要がある。例えば、小売業であれば、店舗損益をモデル化して、過去の実績に基づく、大型・中型・小型などの店舗規模に応じた損益モデルを構築し、売上高10％向上の具体的施策を示したうえで、当該効果を算定し直すことが必要である。

このように、シナジーの算定を通じて、その推計根拠の妥当性まで確認することが重要である。

4 シナジー施策検討の具体例

シナジーを過剰に見積もることで高値づかみのM&Aを誘引するケースは多いが、適切にシナジーを抽出して買収価格まで反映させることで、M&Aを成功に導く企業もある。本節では、専門商社A社のケースを紹介する。

（1）ケース：専門商社A社による買収

本ケースの買い手であるA社は、ある商材を取り扱う専門商社である。国内販売をメインとしており、従業員数は単体で約5,000名である。株主は、国内で有数の大手製造業X社であり、その100％子会社という資本関係にあった。事業では、これまで他社に先駆けて顧客のニーズを捉え、業界内でもトップ5に入る地位を築いてきた。しかし、市場環境の変化や競合企業との競争激化にともない、近年業績が伸び悩むようになってきた。そこでA社は、自社単独での成長と合わせてM&Aによるインオーガニックな成長を目指していた。

M&Aの対象候補となったB社は、同業の専門商社でA社とは地域的な重複が比較的少ない。規模はA社よりも小さく、従業員数は約1,000名である。株主は創業者一族であり、経営者を兼務するいわゆるオーナー企業であった。A社と同様に国内販売をメインとしており、一部の地域においては競合関係にあり、営業・物流拠点が重複している。A社と比べるとB社の財務体質は弱く、金融機関からの借入金に対する金利負担の重さは経営者にとって悩みの種の1つであった。

そのような状況下、A社はB社に対して買収を提案し、事業の方向性について何度も議論を重ねた結果、買収提案から8ヵ月後に基本合意を締結し、さらに4ヵ月後に最終契約が締結され、M&A取引は成立に至った。本件は、妥当な買収価格により買収が成立しただけでなく、シナジーでも想定以上の成果を出し、M&A取引の成功事例となった。なぜA社は、多くのM&A取引がうまくいかない中、当該M&Aを通じて自社の再成長という当初の目的を達成できたのだろうか。

（2）6つの成功要因

本ケースでは、ビジネスDDにおいて**図表1-15**のようなシナジー施策を抽出したが、以下の6つの成功要因があったと考えられる。

図表1-15：専門商社A社のB社買収におけるシナジー

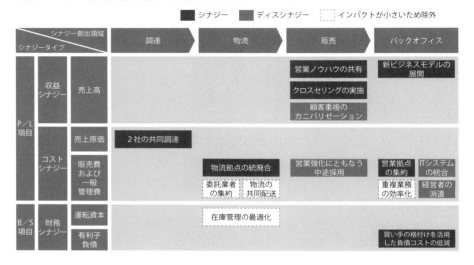

①シナジーを適切に捉えた
②ディスシナジーも慎重に評価した
③P／LのみならずB／S影響額まで踏み込んだ
④シナジー発現のタイムラインも検討した
⑤どちらの会社に帰属するシナジーか意識した
⑥シナジー発現のシナリオを作成した

①シナジーを適切に捉えた

M&Aを成功に導くための1つの鍵は、高値づかみを避けることである。買収価格が高くなる要因の1つは、シナジーを過剰に見込んでしまうことである。本来、買収価格に考慮すべきでないシナジーの織り込みや効果額を過剰に推計してしまうことによる。

A社のケースでは、カニバリゼーションが想定される一方で、買い手が注力していない販売地域を対象会社が商圏としていたため、クロスセルの効果や商圏拡大効果が見込めた。商圏の広がりによる売上増大や事業補完・強化による効果を、過度な期待を排除して現実的な水準に見積もった。さらにA社は、ここで想定したシナジーが実現に至らない事態に備えたバックアッププランまで準備していた。

②ディスシナジーも慎重に評価した

M&Aのよくある失敗の１つに、シナジーばかり評価して、ディスシナジーを考慮しない（または、ディスシナジーを楽観的に見積もりすぎる）ことがある。シナジー実現に向けては、対象会社の組織や機能のテコ入れや、人材やインフラ整備の追加投資が必要となることも多い。両社の商圏重複などにより、カニバリゼーションが発生することもあり、これらのディスシナジーも正当に評価しておくことが肝要だ。

A社のケースでは、企業文化や事業手法が異なるB社に対し、収益体質をいかに改善し、企業変革をしていけるかが重要なテーマであった。両社は基本合意や最終合意締結までの間に、買収後の事業運営や体制まで何度も意見交換を行い、ディスシナジーのリスクや対処法、シナジー実現に向けた必要コストの見積もりまで慎重に検討した。その結果が、図表１-15で示したディスシナジーである。収益シナジーにおける顧客重複のカニバリゼーションや、コストシナジーにおける営業強化にともなう中途採用、ITシステムの統合、経営者の派遣である。

本ケースのように、両社間の議論の中で、正のシナジーのみならず、ディスシナジーも慎重に評価することで、両社が腹落ちできる正当な買収価格を可能とする。

③Ｐ／ＬのみならずＢ／Ｓ影響額まで踏み込んだ

シナジーの推計では、Ｐ／Ｌ影響額にのみ偏り過ぎて、Ｂ／Ｓ影響額を見逃すことが多い。つまり、損益改善には十分な検討を重ねる一方、資産や負債などのＢ／Ｓへの影響にまで考慮が至らないことがある。

A社のケースでは、財務体質が強固な買い手の格付けを活用した負債コストの削減、在庫水準の適正化による棚卸資産の圧縮等があげられた。Ｂ社は、財務体質が脆弱であったため、買い手の格付け活用による負債コスト削減は有力なシナジーとなった。企業規模や有利子負債額にもよるが、例えば、500億円の借入れがあり、調達コストを３％から2.5％まで、0.5％の引き下げができれば、2.5億円の税引き前利益の押し上げ効果が見込める。

なお、買収価格の算定にはＰ／Ｌの営業利益ではなく、フリー・キャッシュフローが用いられる。フリー・キャッシュフローの算定には、投資や減価償却など運転資本のＢ／Ｓ事項の影響まで見極める必要がある。買収価格の算定の観点か

らもB／S影響額をしっかりと考慮すべきである。

④シナジー発現のタイムラインも検討した

シナジーを過剰に見積もってしまう要因の1つに、シナジー発現のタイミングの見誤りがあげられる。シナジーの実現時期は、当該施策の内容やアクションプランの進捗により異なる。一般的に、コストシナジーは販売シナジーよりもシナジー創出のタイミングが早い。なぜなら、コストシナジーは両社内部の自助努力で実現できることが多く、外部のステークホルダーに依存しない場合が多いからだ。逆に、販売シナジーは、市場や顧客などの外部要因が直接的に関わるため、実現の難易度が高い。投資ファンドによるM&Aでは、シナジーの即効性を求めてコストシナジーが重視されることが多い。投資ファンドは一定の投資期間を定めており、イグジット[9]までの限られた時間の中では、売上シナジーよりもコストシナジーのほうが、その蓋然性がより高いためである。

図表1-16：買収価格へ反映するシナジー

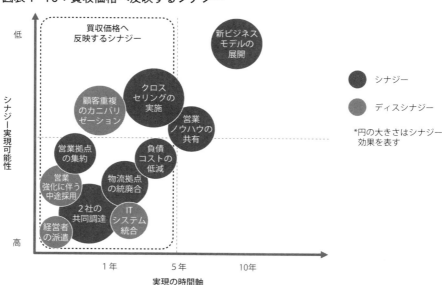

*「委託業者の集約」、「物流の共同配送」、「重複業務の効率化」、「在庫管理の最適化」は、インパクトが小さいため除外

9 　株式市場における上場や第三者への株式売却等、投資ファンドや起業家が保有株式を他社に譲渡し、当該企業の保有から退出すること。

A社のケースでは、**図表1-16**のように、5年以内にシナジー実現を見込めない施策は、買収価格には反映させなかった。個別のシナジー施策としては納得性がありつつも、すべての施策を同時に実施することは現実の事業状況や体制を鑑みても難しいと判断したためである。このように、個別のシナジー施策のみならず、全体のオペレーションを勘案した実現可能性を十分に精査し、どのタイミングで収益改善効果を見込むかを明確にすることが重要である。A社のケースでは、本検討を適切に行ったことにより、全体として無理がない、実行性を担保したシナジー施策を検討できたことが成功要因の1つであった。

⑤どちらの会社に帰属するシナジーか意識した

　シナジー検討において曖昧になりがちなのは、シナジーが一体"誰に"帰属するのかということだ。すなわち、シナジーによって買い手と対象会社のどちらかのP／L、B／Sが改善するのかという点である。

　A社の事例では、**図表1-17**のように、シナジー／ディスシナジー、買い手に帰属／対象会社に帰属、をマトリックスとして整理した。A社は、このうち、対

図表1-17：シナジーに帰属

"誰に"	シナジー	ディスシナジー
買い手に帰属	① ・2社の共同調達による仕入れのボリュームディスカウント ・物流拠点の統廃合 ・クロスセルの実施 ・営業拠点の集約	③ ・経営者の派遣 ・顧客重複のカニバリゼーション
対象会社に帰属	② ・2社の共同調達による仕入れのボリュームディスカウント ・物流拠点の統廃合 ・買い手の格付けを活用した負債コストの低減 ・クロスセルの実施 ・営業拠点の集約	④ ・ITシステムの統合 ・営業強化に伴う中途採用 ・顧客重複のカニバリゼーション ・経営者の派遣

買収価格へ
反映するシナジー
(②+③+④)

象会社に帰属するシナジー（②）と買い手・対象会社に帰属するディスシナジー（③＋④）のみを買収価格に考慮した。当該M&Aにより対象会社のP／Lを改善する効果のみを、対象会社の株主に対価の一部として提供すべきシナジーと考えたためである。買い手に帰属するシナジーは、買い手のみが享受すべきものとA社は考えた。一方、ディスシナジーは、保守的にその帰属先にかかわらず買収価格に考慮した。

図表1-18：日本会計基準（現行）における「のれん」の会計処理

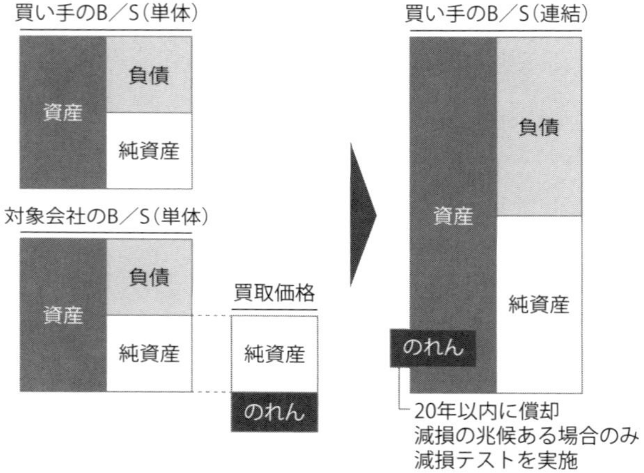

図表1-19：IFRS（国際会計基準）における「のれん」の会計処理

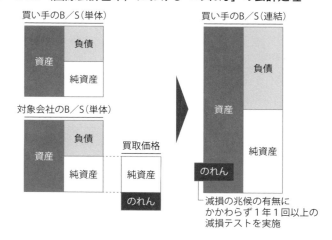

なお、シナジーの帰属は、会計処理の視点からも重要である。M&Aにおいて、買収価格が対象会社の純資産を上回る場合、「のれん」が計上される。現行の日本会計基準では、**図表 1 -18**のように「のれん」は20年以内に償却することが求められており、減損の兆候がある場合、減損テストを実施する。

一方、**図表 1 -19**のようにIFRS（国際会計基準）では「のれん」を償却せず、年間１回以上の減損テストを実施する。対象会社に適正な価値があることを実証できなければ、「のれん」は減損処理の対象となる。仮に、対象会社の業績が悪化した場合や、M&A取引前に想定したシナジー実現ができない場合は、「のれん」を減損処理することとなる。つまり、買収価格が高過ぎれば多額の「のれん」を計上することになり、減損リスクも高まるのである。換言すれば、シナジーの買収価格への反映は、高額なのれん計上、つまり減損リスクを誘引することでもある。適正なシナジー施策と効果に立脚した買収価格であれば、実態として減損リスクは限定的ともいえる。

本ケースでは、Ａ社が過剰なのれん計上を回避する視点を持ちながら、シナジーが誰に帰属するのかまで分析したうえで、買収価格の検討を行った。

⑥シナジー発現のシナリオを作成した

シナジーの実現可能性は、施策内容によって異なる。例えば、買い手と対象会社が保有する同一地域における物流拠点の集約化とクロスセルによる販売シナジーでは、前者のほうが実現しやすいことはすでに述べた。これは外部のステークホルダーへ依存度が少なく、買い手・対象会社の実行次第であることがその理由であるが、コストシナジーの施策でも同様のことが言える。つまり、買い手と対象会社だけで実施可能なコストシナジーと、サプライヤや販売先の協力が不可欠なコストシナジーとでは、前者のほうが実現可能性は高い。

Ａ社のケースでは、将来の事業計画を作成するにあたって、**図表 1 -20**のように複数シナリオを作成した。シナジー施策の実現可能性の高低を踏まえて、ベースケース（実現可能性が高い施策群のみ反映したもの）とベターケース（実現可能性が中程度の施策群も反映したもの）に分け、更にワースケースでは、シナジーを織り込まない単独シナリオも用意した。

このようにシナジー施策ごとの実現可能性を考慮することにより、シナリオの持つ意味合いを明確にした。複数シナリオの作成によりＡ社は、ポストM&A取

図表1-20：シナジーの実現性に応じたシナリオ

引において、当該M&A取引の成功の確度について自ら評価できることとなった。

これまでA社のM&A取引で観察された6つの成功要因について詳述した。その結果、A社は適正な買収価格で合意し、ポストM&Aにおいても企業価値向上の取り組みを推進することができた。

M&A取引の成功の一例といえる。

5 Quick Hitsの抽出

(1) Quick Hitsがステークホルダーに与える効果

本書におけるQuick Hitsとは、シナジーの実現が1年以内に見込まれるものをいう。Quick Hitsがステークホルダーに与える効果は2つある。収益改善としてもたらされる定量的効果と、関係者の安心感・信頼関係醸成、社員のモチベーション向上などの定性的効果である。本節では、対象会社の従業員、買い手、債権者（金融機関）、取引先といったステークホルダーに与える効果を整理する。特に、対象会社が再生フェーズ企業の場合やクロスボーダーM&Aにおける海外企業の場合には、Quick Hitsはぜひとも活用したい施策である。

①対象会社の従業員

M&Aにおける対象会社は買収される立場であり、社員が動揺し、社内の雰囲

気が不安定になることが多い。対象会社の社員は、新たな株主や経営者のもとで、会社の将来や社員の処遇など、さまざまな不安を抱くためである。特に、業績が低迷している企業の場合、買収されることにより、社員は自信喪失の状態に陥り、会社の将来に強い不安を感じるのは自然ではある。しかし、社員が新株主や経営者に対して不安を抱いているうちは、円滑な事業運営ができず、企業価値の向上も実現しがたい。

このような場合、短期的な成果を期してQuick Hitsを着実に実行することが大事だ。ポストM&Aの早期の段階で、買収効果が目に見えることにより、社員に対しては「会社は新たによい方向へ進んでいる」、「復活の兆しが見えてきた」というメッセージを伝えることができる。目に見える効果とは、例えばコスト削減による資金流出の抑制や、それによる業績の改善などがあげられる。これにより社員の不安を和らげられ、モチベーションを高めることにつながる定性的効果が期待される。シナジー施策の検討でも述べたが、シナジー施策のイネーブラーとして「ヒト」の重要性が高い場合には、特に留意が必要だ。社内の雰囲気を安定化させることで、不要な人材流出も未然防止できる。逆に、優秀なキーパーソンの喪失により、全くシナジーを実現できないリスクも想定されるため、Quick Hitsの持つ重要性は極めて高いといえる。

②買い手側の株主・投資家

買い手側の経営者は、自社の株主や金融機関等に対して、M&A取引の経済合理性の説明が求められる。Quick Hitsによる業績改善は、買い手側の経営者にとっては有効な説明材料になる。特に、買い手が投資ファンドの場合、投資家から厳しく問われる立場にあり、Quick Hitsによる短期的成果は、投資期間中の企業価値向上策に関する説得性も高める。今後も、企業価値を向上させ十分なIRR[10]（内部収益率）が期待できることを説明することにもつながるため、Quick Hitsによる影響額の多寡にかかわらず重要である。

10　IRRは、投資プロジェクトの評価指標の１つ。投資に対する将来のキャッシュフローの現在価値と、投資額の現在価値とがちょうど等しくなる割引率（＝内部利益率）を求め、内部利益率が資本コストを超過していればその投資は有利であり、資本コストよりも下回っていれば不利であると判定する方法。

③債権者（金融機関）

対象会社に融資を供する債権者（金融機関）における融資担当部局は、常に当該債権の回収見込みを把握している必要がある。特に、対象会社が業績不振や再建途上にある企業の場合には、債権者の目は厳しい。その場合でも、Quick Hitsによる業績改善策が、債権者の回収可能性を高めるという有力な説明材料になり得るだろう。

また、買い手に対する債権者という観点でも、同様のことがいえる。M&A取引において、LBOローンなどの形態で買収資金を買い手に対して供する場合がある。LBO（Leveraged Buyout）とは、借入を活用した買収の一手法であり、買収を目的として買い手が買収資金（LBOローン）を借り入れるものの、金融機関としては買収対象会社の事業や信用に対して貸し付けるものである。この場合でも、Quick Hitsによる業績改善や企業価値向上策の存在が、債権者に対するM&A取引の正当性を説明する一材料になり得るだろう。

④取引先

顧客やサプライヤなどの取引先は、一般的に、経営が不安定な企業との取引を避ける。M&A取引の後、対象会社の業績がQuick Hitsにより改善し、社員のモチベーション向上とともに経営安定化を取引先に示すことは、取引関係を安定に保つうえでも大きな意味がある。

(2) Quick Hits抽出の具体例

シナジー施策におけるQuick Hitsの抽出方法について、P／L、B／S項目別にその具体例について解説する。

①P／L項目

売上高

一般的に、売上増大に寄与するQuick Hitsは、売上原価や販管費などのコスト削減施策と比べて多くはない。売上に関わる活動自体、自社内の取組みのみならず、消費者や顧客などの市場環境、経済や社会情勢といったマクロ環境、競合企業の動向といった競争環境の影響を受けるため、不確実性が高いためである。

その中でも、上述したクロスセル・シナジーや、店舗のリニューアルによる販

売促進策はQuick Hitsとしてあげられる。クロスセル・シナジーは相互の送客・販売が容易な場合には効果を生み出しやすい。また、店舗の改装では、例えば買い手の店舗設計・運営ノウハウの活用により対象会社の店舗を改装し、集客力を上げるというケースである。改装のリードタイムが短く、少額の改装資金で済むような場合には、Quick Hitsとして見込める施策になり得る。

　売上原価

　売上原価の低減に寄与するQuick Hitsでは、例えば競争入札の導入や共同仕入れなどの調達手法の変更による調達コスト低減策があげられる。サプライヤの選定に入札方式を活用し、サプライヤ間の競争を刺激することにより競争力ある調達コストを実現する。長年のサプライヤとの付き合いや仕入条件が硬直化した状況などにおいて、より効果が期待できる。サプライヤからの反発は予想されるが、M&Aを好機として捉えた際、積極的に検討したい施策である。なお、売上原価に関連するQuick Hitsも、外部のステークホルダーが関連する場合には、実現の難易度が高まる。サプライヤに対しても交渉優位な状況が必要になるため、交渉の工夫も必要だろう。

　販売費および一般管理費（販管費）

　販管費の削減に寄与するQuick Hitsには、例えば、給与・賞与や役員報酬などの人件費に関連する施策や、リベート削減や広告媒体見直しなどの営業費に関連する施策、共同配送導入や庫内業務委託契約の見直しなどの物流費に関連する施策などがあげられる。これらの施策群は、自社内部で完結することも多いことから、比較的実現性が高いことが多い。ただし、自社内部で取り組みやすい反面、必要以上のコスト削減は、社員の士気の低下などの逆効果を生む可能性も高い。特に、人件費の削減は業績低迷時に活用されるQuick Hits施策であるが、やり方を間違えると社員の不公平感や不満を惹起することになり、人材離反リスクを増大させうる点は、何度も述べたとおりだ。

　販管費の削減施策が、Quick Hitsの検討余地が最も高いことが多いが、実行段階における事業や組織に対するよく見極めることが重要である。

②B／S項目

　B／Sの中でも、運転資本および非事業資産に関連するQuick Hitsとして、現金決済の拡大や遊休資産の売却、負債調達の適正化などがあげられる。具体的には、

事業縮小にともなう未活用の固定資産（製造装置や店舗の跡地等）の売却などである。遊休資産は会社に収益をもたらさないため、新たな活用方法を見出すか、早期に売却することが望ましい。この他に、前述したように、買い手の格付けを活用した負債コストの低減もQuick Hitsの1つである。

(3) Quick Hits抽出のコツ

　Quick Hits抽出は、シナジー施策の抽出と同様、事業構造分析および業績構造分析の実施の中で行われる。特に、Quick Hits抽出では、各種分析の過程である程度の"あたり"をつけることが効率的である。この"あたり"こそが仮説であり、本節ではQuick Hits仮説を抽出するコツについて解説する。

①ドキュメントレビューからのQuick Hits仮説抽出

　図表1-21は、対象会社（製造業S社）と競合平均の総資産営業利益率を総資産回転率および売上高営業利益率に分解し、さらに売上高営業利益率を売上原価率と売上高販管費比率に細分化したツリーである。競合平均とのベンチマークにより、製造業S社のコスト構造を相対的に比較できる。この場合S社は、競合他

図表1-21：製造業S社の業界平均とのベンチマーク（例）

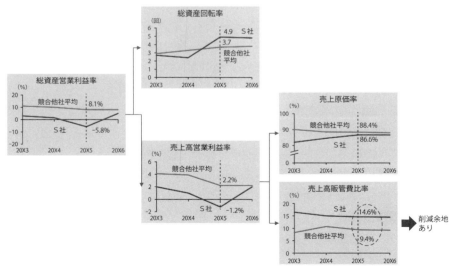

社と比較して、総資産営業利益率が（直近で急速な改善がみられるものの）総じて低いことがわかる。この原因を探ると、売上高販管費比率の高さが注目される。販管費の勘定科目をブレークダウンしてコスト構造を精査すれば、同業他社と比較してどの費用項目が過大となっているのかが明らかとなろう。また、他社との相対比較のみならず、自社販管費の費用項目の構成割合の考察により、Quick Hitsの余地を見出すことも可能だ。例えば、対象会社の販管費のうち、人件費と不動産賃借料で販管費の80％を占めるとすれば、当該費目の重点的な分析により、Quick Hitsが抽出される可能性が高い。

このように、対象会社提供のドキュメント（資料）をつぶさに分析することから、早期にQuick Hitsの施策仮説を抽出することができるだろう。

②インタビューによるQuick Hits仮説抽出

ドキュメントレビューの実施と並行して、対象会社へのインタビューでもQuick Hitsの仮説抽出や検証を行うことができる。シナジー施策やQuick Hits検討の過程では、対象会社の経営幹部や事業部のキーパーソンらへのインタビューが実施されることが多い。本インタビューでは、対象会社の機会や課題について確認する。短時間のインタビューを有効活用すべく、あらかじめ準備した仮説を検証する場とするのが望ましい。上述したドキュメントレビューによりQuick Hits仮説が抽出されれば、その実現可能性を対象会社の実務担当者たちにぶつけることで、蓋然性を確かめることができる。

なお、対象会社へのインタビューによりQuick Hitsの蓋然性検証をすることに対し、「対象会社の現場が自らの首を締めることにつながりかねず、買い手にいうわけがない」との指摘もある。現場のコスト改善が関連するQuick Hitsであれば、従来の事業運営や手法を変えることを求められるからだ。その結果、コスト削減も厳しく要求されるだろう。しかしながら、日本企業の現場スタッフは会社に対して強い愛着を持っていることが多い。当該M&Aの取引や買い手／対象会社の関係性にかかわらず、真に現場を良くしたいと考えている人たちも多い。そのような現場では、業務改善につながる提案であれば、真剣に議論に参加するものである。Quick Hitsの抽出作業は、事業の実態に精通した現場から情報を引き出し、現場主導のボトムアップ体制で協業することが望ましい。逆に、現場感が欠如したQuick Hitsでは、"絵に描いた餅"となってしまう。株主や経営幹部のみ

で一方的に決定・指示されたトップダウン型のQuick Hitsでは、現場コミットメントの喚起が難しく、期待成果を上げることは難しい場合が多い。

　一方で、ビジネスDDでは、現場スタッフとのコミュニケーションから、ドキュメントレビューでは全く認識できなかった施策案に気づかされることがある。経営幹部へのマネジメントインタビューのみならず、現場スタッフへのコミュニケーションの機会を積極的に持つことをお勧めする。

第 2 章
アクションプランの策定

1 「アクションプランの策定」の概要

(1) 位置づけ

アクションプランの策定は、**図表2-1**のとおり、価値創出・向上策の検討フェーズにおける最後のステップである。上述した、シナジーおよびQuick Hits施策の実現に向けた「工程表」の策定である。次節では、シナジー・Quick Hits施策のアクションプランへの落とし込みの手法について解説し、第3節では、アクションプランを"絵に描いた餅"にしないための一手法として、インセンティブ導入について概説したい。

(2)「シナジー考慮後の事業計画」との関係

シナジーおよびQuick Hits施策の検討では、各シナジー施策の効果やQuick Hits施策を定量化する。これら定量効果を踏まえて、シナジー考慮後の事業計画を策定し、買い手視点での買収金額が算定される。これをバイヤーズバリューという。バイヤーズバリューは買い手としての買収価格に関する上限値であり、買

図表2-1：ビジネスDDにおける「アクションプランの策定」の位置づけ

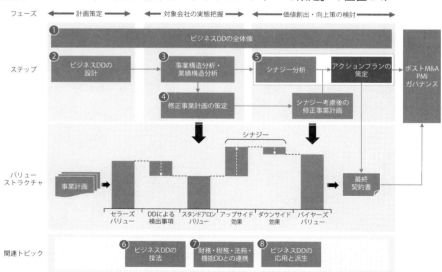

い手が当該M&Aで許容しうる最大額を意味する。

　修正事業計画は、売り手や対象会社が提示した事業計画に対して、ビジネスDDの各種分析を通じて妥当性を検証し、その結果を計画数値に反映・修正したものである。ここでいう修正事業計画は、買い手／対象会社間の協業を前提としないシナジー考慮前の事業計画である。いわば、買い手が、独自の視点で対象会社の経営実態や将来性を見立てて、自社の投資意思決定のために参照するものである。なお、当該修正事業計画をもとに価値算定したものが、スタンドアロンバリューである（**図表2-2**参照）。

　一方で、「シナジー考慮後の事業計画」は、買い手が（子会社となる）対象会社への経営管理を目的として作成するものともいえる。上述したとおり、シナジー施策にも買い手や対象会社に帰属するものがあり、諸施策の影響を十分に勘案してDay1[11]に臨むべきである。例えば、買い手／対象会社を含めてグループ全体としてはシナジーが期待されるものの、そのほとんどを買い手が享受してしまうM&A取引があった。対象会社側の「シナジー考慮後の事業計画」（買い手に帰属するシナジー考慮外）に基づき企業価値を計算したところ、むしろM&A取引前よりも企業価値が悪化してしまう。これでは対象会社の士気に大きな影響が

図表2-2：「シナジー考慮後の事業計画」の位置づけ

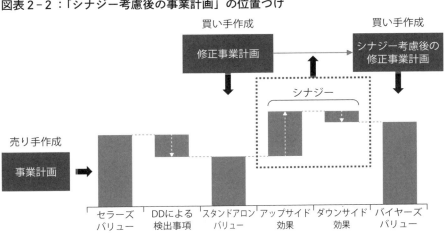

---

[11] M&A案件において、最終契約書の締結日をDay0、クロージングして新体制が開始する日をDay1と呼ぶことが多い。

生じるため、あらかじめ対処策を検討することとした。具体的には、買い手は対象会社株式の譲り受け以外に、対象会社からの第三者割当増資の引き受けにより、対象会社内の成長投資に活用してもらうような戦略を描いてもらうことにした[12]。

　この事例のように、早期の段階で「シナジー考慮後の事業計画」を想定しておくと、その状況に応じて、ポストM&Aで想定される事態に対して早々に対処案を検討することが可能となる。

2 アクションプランの策定

(1) 目　的

　シナジー・Quick Hits施策の実行を確かなものにする一歩として、アクションプランの策定は不可欠である。アクションプランとは、各施策が実行可能なタスクに分解され、タスクごとに担当・責任者や実行のタイムラインを示した行動計画である。タスクを具体化し、そのマイルストーンを設定したアクションプランを策定することにより、関係者の間で具体的な目標を共有し、1つの方向に向かわせるムーブメントを生み出すことができる。特に、対象会社では経営者の交代や組織改変など社内の環境変化が激しく、社内の雰囲気も不安定になりやすい。社員のモチベーションを維持するためにも、目標やマイルストーンを全員で共有することは極めて重要である。

(2) アクションプラン策定の留意点

　アクションプラン策定はビジネスDD期間中に行われるため、DD実施者がアクションプラン策定も担当することが多いが、(株式譲渡契約の締結前であり工夫が必要となるが) 可能な限り、対象会社の社員を巻き込むことが望ましい。ポストM&Aにおいて、アクションプランを実行するのは対象会社の現場スタッフである。現場からは、これまでのやり方の変更や、業務量を増やされることに対する不満や抵抗がしばしば起こる。表面的には協力的な姿勢を示しながらも、実際には非協力的との面従腹背の姿勢をとられて、不満や抵抗の状況すらつかめない

---

[12] 株式譲渡では株式譲渡した（対象会社の）元株主が譲渡対価を受け取るために、対象会社内部には譲渡資金は支払われない。第三者割当増資では、対象会社が特定の第三者に新株発行してその対価として金銭を取得する。本事例では、第三者割当増資を活用することで、買い手から対象会社に一部資金が支払われるような株式売買スキームとした。

ことすらある。その結果、アクションプランが全く進捗せずにM&Aの成果も得られない。したがって、早期の段階でポストM&Aにおいて起こりうる懸念を想定し、対象会社のキーパーソンに当事者意識を持ってもらうことが重要である。自らがアクションプラン作成に関わることにより、アクションに対する納得感や実行に向けたコミットメントを醸成するのである。

ポストM&Aにおけるアクションプラン策定は、"何を作成するか"も大事だが、"誰が作成するか"ということが、その後の実行力に直結して重要性が高い。

(3) アクションプランの検討

アクションプランには、シナジー・Quick Hits施策ごとに、施策の概要やアプローチ、具体的アクション、担当責任者、スケジュールやマイルストーンを整理する。**図表2-3**は、アクションプランの一覧表である。実際には、当該一覧表に加えて、施策ごとの具体的かつ詳細な計画を別途作成することが多い。

3 実効性を高めるインセンティブ設計

前節で述べたアクションプラン策定に加え、施策の実効性を高めるためのインセンティブ設計も必要である。本節においては、インセンティブ設計・導入の考え方について解説する。

(1) シナジー発現の主体は買い手

シナジーというと、よく「1＋1＝2以上」といういいまわしが使われる。買い手の価値を1、対象会社の価値を1、両社の協業により、合わせて2以上になるという考え方である。この実現に大事なことは、シナジーが誰の努力によって創出されるかという観点である。シナジー創出に貢献した組織や担当者に対しては、相応の評価で報いるべきである。

逆に、買い手が、対象会社の自律的な経営に任せるとして、シナジー施策の実行まで対象会社側に一任するケースが見られる。特に、クロスボーダーM&Aでは、海外企業の経営に口を出しづらく、そのようなケースが頻発する。これでは、買い手に主体性がなく、シナジーも期待できない。買い手は、経営人材の投入やノウハウ、設備などの資産を提供することにより、積極的にシナジー創出に取り組

図表2-3：アクションプラン（例）

施策大分類	施策	施策概要およびアプローチ方法
マーケティング	1. マーケティング機能強化	・対象会社（Z社）の戦略であった低価格戦略から脱却し、今後の戦略を決定する ・特に顧客情報を蓄積し、競合他社とのポジショニング、競争優位性を把握するとともに、ニーズ＆シーズ両面で戦略立てを行える体制を社内で構築する。また、外部ノウハウを有効的に活用する 　－ 競合A社　→　新技術とブランド回復にて対抗 　　　※中長期的な失地奪回策が必要 　－ 競合B社　→　価格と新技術にて対抗 　－ 競合C社　→　価格とブランド向上にて対抗
マーケティング	2. PR／展示会の計画・実行	・展示会／雑誌広告／記事広告／Webサイト再構築など、B製品のプロモーションを積極的に行い、業界におけるZ社のプレゼンス（知名度、シェア）を向上させる 　－ PR戦略の考案 　　（企業主体→Webで包括的に実施） 　　（製品主体→マーケティング戦略に従い策定） 　－ 製品ポートフォリオを明確化し合理的に実行 　－ 短期・中長期のどの段階で果実を得るかの検討
営業・販売	3. 顧客担当営業の設置	・顧客別に営業担当者を任命し、可能な限りその顧客に密着する。特に業界の情報発信源となるようなキーパーソンに対して担当者を置き、定期的な情報交換等を行う ・営業上重要な顧客と、マーケティング上重要な顧客を使い分ける ・A事業とB事業で重複している顧客に対する関係作りを進める
営業・販売	4. 販売アライアンス構築	・製品ごとに、販売アライアンス先を選定し、企業間でつながりを持ってビジネスモデルを確立する ・業界のプレゼンスが強い企業をアライアンス先の候補とする
サービス	5. 営業サポート強化	・新規モデルについては、サンプル製作が終わった時点で、営業への製品説明会を行う（コンセプト、特徴、アドバンテージなど） ・営業情報を共有化する仕組みを構築する。その方法としてメーリングリストでの営業情報の報告および活動情報をDB化する。そのDBより、業界別の顧客ニーズを洗い出し、製品開発に反映する

第2章 アクションプランの策定

具体的アクション	担当責任者	実施スケジュール XXX年度 3月〜3月	備考
1-1 市場での自社ポジションの把握を理想ポジションの検討	全社的	→	
1-2 価格戦略以外での競争優位獲得に向けた仮説立て	営業主導	→	
1-3 テストマーケティング実施／ターゲット市場への戦略製品投入	営業・技術全体	——————→	
1-4 シーズの開拓と開拓市場への戦略品投入	技術主導	——————→	
1-5 競合ごとの失地奪回戦略の本稼働	営業主導	————→	
2-1 自社ポジションの把握と理想とのギャップの把握	営業主導	→	別紙「プロモーション活動計画一覧」を参照
2-2 ギャップを埋めるためのPR・展示会出展計画策定	営業・技術全体	→	
2-3 現有市場維持のためのPR・展示会出展計画策定	営業主導	→	
2-4 ポートフォリオの明確化と収益目標の計画立案	営業主導	→	
2-5 実行	営業主導	——————→	
2-6 営業フォローとフィードバック	営業・技術全体	——————→	
3-1 重要顧客の特定	B氏		
3-2 顧客ごとの経営担当者の任命	↓		
3-3 訪問スケジュールの作成			
3-4 訪問時のプレゼン内容／サービスの設計／資料作成			
3-5 訪問のモニタリング			
3-6 顧客ニーズの蓄積	A氏		
4-1 販売アライアンス候補先の特定	C氏	→	別紙「販売アライアンス候補先一覧」を参照
4-2 訪問スケジュール作成／アポイントメント		→ ▲5/30を目途にアライアンス候補先を選定する	
4-3 訪問／交渉		——————→	
5-1 Webサイトを再構築	営業主導	→	
5-2 社内情報の共有化促進	営業主導	——————→	
5-3 社外（取引先）情報の共有化促進	営業主導	——————→	
5-4 顧客ニーズの蓄積と新規需要市場の開拓	営業主導	——————→	

まねばならない。経営権の取得による単純投資だけで、自然発生的にシナジーが発生することはなく、買い手の能動的な取り組みが必須となる。

(2) シナジーを実現させるための仕掛け

一方で、シナジー施策の取り組みを「相手頼み」にしないことは、対象会社に一切の責任を負わせないことと同義ではない。シナジーとは相乗効果である。買い手と対象会社の協業であることから、お互いがそれぞれの責任とコミットメントを持って取り組まなければならない。そのためには、シナジー施策ごとに「誰がリーダーシップをとって実現の努力をするのか」および「そのシナジーの結果は誰の収益向上に貢献するのか」について分類する。

図表2-4は、買い手である親会社と、対象会社である買収子会社の2社しかいないケースを想定して、「誰の努力・協力が必要か」と「誰のP／Lに反映されるか?」で整理した。

①（A）親会社内で自己完結

買い手である親会社が、自助努力のみにより自社収益の向上を図るパターンである。例えば、親会社が、子会社側の協力なしに、子会社の既存顧客に対してク

図表2-4：シナジー施策の実現方法

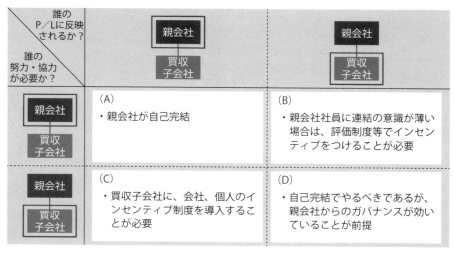

ロスセルを展開するケースがある。当該クロスセル展開においては、子会社の事前了承が必要であるが、販売・マーケティングの実務は親会社において完結し、それにより自社収益の向上に資するシナジーである。そのため親会社側の社員の評価指標に、クロスセルの成果を評価指標とするなどのインセンティブ導入により、社員にシナジー施策の実行に向けた動機づけを図ることが可能だ。

②（B）親会社の努力によって子会社の収益が向上

　親会社側が労力と時間をかけるも、その成果は子会社の収益向上に資するパターンである。例えば、親会社の社員が自社ネットワークを駆使して、子会社としての潜在顧客を新規開拓するケースがこれにあたる。この場合、親会社社員は、自身にメリットがない取り組みに前向きになることはない点に注意が必要である。グループ全体として利益をもたらす取り組みとしては価値が高いものの、親会社側が能動的に取り組むためのインセンティブ設計が重要となる。親会社側での人事考課において、当該取り組みがポジティブに評価される指標や仕組みの導入である。逆に、社員に対して継続的な取り組みを期待する以上、個々人の好意やボランティア精神に頼る運用は長続きしない。

③（C）子会社の努力によって親会社の収益が向上

　（B）とは反対に、子会社社員が労力と時間をかけて、親会社の収益を向上させるパターンである。これも論点は類似するが、子会社側にグループ経営の意識が根づいていない状況下では、子会社社員の好意やボランティア精神による自律的取り組みを期待することは更に難しい。グループ全体の企業価値向上を考える親会社と、自社（のみ）のそれを考える子会社との間には、その構造的ゆえにシナジーの捉え方にギャップがある。したがって、本パターンにおけるインセンティブ設計のポイントは、子会社となる対象会社に対して、財務諸表に現れない成果を適切に管理会計において把握し、業績評価につなげることである。社員に対しても人事考課で評価される仕組みとすることで、組織と社員の両面からインセンティブを深める必要がある。

④（D）子会社内で自己完結

　子会社が自助努力により自社収益の向上を図るパターンである。（A）と同様に

自己完結するものであるが、子会社が自社業績に対して現状維持で満足していると、能動的な取り組みは期待できない。子会社にシナジー施策を取り組ませるには、親会社／子会社協働で経営目標やアクションプランを策定し、子会社側でもその達成責任を負うことである。さらにそれを組織的に管理・モニターするためのガバナンス設計も重要である。

　シナジー施策の取り組みは、「言うは易く行うは難し」である。確実なシナジーの創出に向けて、適切なインセンティブの設計・導入は有効な手法であり、買い手側が主導しながら、うまく活用していきたい。

第2編

ビジネス・デューデリジェンスの技法

ビジネスデューデリジェンスの技法への手引き

　第2編からは、基本的なビジネスDDのプロセス・実務に関する解説の一区切りとして、これまでのビジネスDDの考え方や具体的な作業の進め方に関する説明から一歩離れ、全体像から細部に関連するような、基礎的な技法について説明していきたい。具体的には、ビジネスDDにおける情報収集に際し必要となる技法を解説したうえで、ビジネスDDの成果を効果的に示すための主要チャートによる表現方法を紹介する。また、付録としてビジネスDDの成果物のイメージを掲載したため、併せて参考にしていただきたい。

　まず、ビジネスDDにおける情報収集の技法について解説する。ビジネスDDにおける情報収集には、下記図表に示しているとおり、対象会社らの内部情報を関係者に直接的に取得する場合と、公知情報などの外部ソースや外部関係者から取得する場合がある。短い期間の中でその事実や意味・示唆を獲得するため、その対象や方法に応じて効率的な情報収集が求められる。実務を通じて特に重要・必要と感じた、それぞれ3つの"技法"について解説していく。

図表：ビジネスDDにおける情報収集

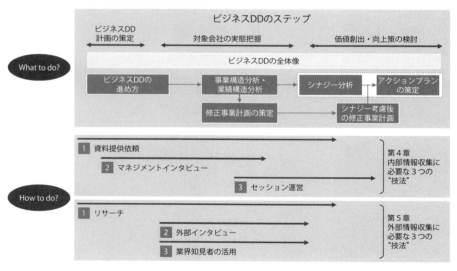

第 3 章
内部情報収集に必要な3つの"技法"

1 資料提供依頼の"技法"

(1) 資料提供依頼がなぜ重要か

　ビジネスDDにおける資料提供依頼とは、対象会社に対する内部資料の提供依頼のことをいう。DD実施者は、入手資料をもとに、各種分析や対象会社へのマネジメントインタビューを実施する。裏を返せば、各種分析やマネジメントインタビューにおける重要論点にのみ関係する資料を効率的に依頼する必要がある。対象会社は表向きには協力的姿勢を示していようとも、なるべく最小限の資料開示に留めようとするものである。対象会社から網羅的な資料開示は期待できない。M&A取引が競争入札の場合は、資料依頼の件数にも制限が加わる場合さえある。したがって、資料提供依頼はビジネスDDの論点に基づいて、過不足なく行う必要がある。資料提供依頼は、単なる作業ではない。論点を十分に想定しながら、論点検証に必要な分析のための資料収集であることが目的であると認識して、慎重に検討したい。

　なお、実際のビジネスDDでは、初期段階での資料提供依頼と、対象会社との実質的な接触後にDDが本格化した段階で行う追加的な資料提供依頼がある。以下、この2つの資料提供依頼における留意点を解説する（**図表3-1**参照）。

図表3-1：2つの資料提供依頼

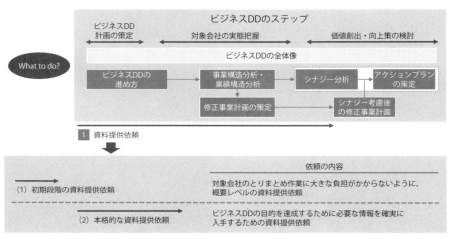

(2) 初期段階の資料提供依頼

　初期段階とは、ビジネスDDが本格化する前の準備段階が想定される。初期段階の資料提供は、ビジネスDD開始前、あるいはキックオフミーティングの前に対象会社に要請することが多い。初期段階の資料依頼リストを、Initial Request List（IRL）と呼ぶこともある。当該リストでは、**図表3-2**のように対象会社の基礎理解に必要な資料を要請することが多い。対象会社の準備状況次第ではあるが、短期間で行われるビジネスDDでは、早期の資料開示が全体の工程に大きく影響する。対象会社からの資料開示の遅延により、DDのみならずM&Aプロセス全体のスケジュールにも影響を及ぼすことがある。対象会社側との連携を事前に上手く図り、効率的な資料入手に努めたい。

　なお、図表3-2のように、本段階の提供依頼資料は、基本的資料に留めるこ

図表3-2：対象会社への資料提供依頼一覧（例）

資料名	資料概要
会社案内（パンフレット等）	DD対象会社の外部説明案内資料
営業報告書	DD対象会社の営業の状況に関する報告書
連結財務諸表	連結損益計算書、連結貸借対照表、連結剰余金計算書、連結キャッシュ・フロー計算書および連結附属明細書
税務申告書	法人税、地方税（都道府県民税と市町村民税）、消費税の申告書
販売費および一般管理費の明細	勘定科目別の金銭明細、（可能ならば）固変分解に必要な情報
営業外損益、特別損失の明細	勘定科目別の金額明細およびその発生原因
本社経費	経費明細、配賦基準、配賦方法に関する情報
グループ主要各社の主要販売先・仕入先	グループ主要各社の会社概要、主要品目、特徴、取引金額、粗利の推移
グループ各社の主要商品目とその売上高／粗利	商品別の売上高／粗利の推移
販売計画資料	将来の販売目標金額とその達成方法に関する資料
物流、商流、情報流を取りまとめた資料	各種の流れの取引規模がわかる資料
主要仕入先との関係に関する資料	インセンティブ、リベート、交渉における力関係、販売契約（取引基本契約書）、返品やクレーム等の状況、受注残の解約状況、ファイナンスの有無等に関する資料
主要顧客との関係に関する資料	値引き、交渉における力関係、購買契約（取引基本契約書、集中購買、年間購買契約）、ファイナンスの有無等に関する資料
運転資本の推移	運転資本（売上債権、在庫、仕入債務等）の過去の推移と将来予想（3年分程度）
投資実績、投資計画	過去の投資実績と将来投資計画（3年分程度で、投資項目が詳細に記述されているもの）
減価償却費の明細	過去の実績と将来予想（3年分程度）
競合の動向	競合他社の企業名、特徴、シェアの推移、単価の比較、対応策等に関する資料
主な経営管理指標とその推移	主な経営管理指標（経営指標、生産指標など）とその過去実績の推移と将来予想（3年分程度）
製品（または製品群）別コスト構造とその推移	製品（または製品群）別コスト構造（売上、売上原価および共通費配賦後販管費）と過去実績の推移、固定費・変動費の構造と過去実績の推移

とが多い。調査対象や深掘りをする論点の明確化や初期的な仮説構築のための概要理解という位置づけである。詳細論点の深掘り検証など、DD実施中における追加的な資料開示要請（後述）への流れも意識しながら、初期資料依頼を活用するのが良いだろう。

(3) 本格的な資料提供依頼

初期段階の提出資料をもとに、各種分析およびマネジメントインタビューが開始される。初期資料によってビジネスDD実施者の対象会社理解は一段と深まっていることから、詳細論点に関する追加的な資料開示要請が必要となる。M&A案件の状況次第ではあるが、このような追加資料依頼は、DD期間中に随時受け付けられることが多い。通常は、資料提供依頼とあわせて、書面でのQ&A（質疑応答）も実施される。追加的な資料開示要請とQ&Aをあわせると、連日、相当数のやり取りがなされる。対象会社と（ビジネスのみならず）DD実施者は、あらかじめコミュニケーションフローを設定し、混乱を来さぬよう効率的に対処するべきである。対象会社側でも、各種DDへの資料開示・Q&A対応には、関連する事業部門やコーポレート・間接部門など多岐にわたる関係者が関与するため、綿密な連携体制を敷いておく必要がある。

なお、効率的な資料授受という観点から、**図表3-3**で示した①資料依頼、②資料受領、③資料不在、の各シーンにおける留意点を解説する。

図表3-3：資料提供依頼の留意点

①資料依頼	②資料受領	③資料不在
■早めに依頼すること ■利用目的を伝えること ■優先順位をつけること ■電子データでの提供を依頼すること	■その場で受領資料を確認すること ■目的との整合や前提を確認すること	■資料が提供されない理由を確認すること
対策： ・依頼資料／質問管理表による管理	観点： ・原価差異のズレ ・管理会計と財務会計のズレ ・期ズレ	対策： ・受領期限の延長 ・代替情報による手当 ・推計・推定・推論による分析

（4）資料提供依頼の留意点
①資料依頼
　ビジネスDD実施者が対象会社に資料の開示を依頼する際の留意点である。適切な時間軸の中で、ビジネスDD実施者の意図に沿った資料開示を受けられるように、実施者側で配慮したいポイントである。資料を準備する対象会社側に十分に配慮して実施したい。

　留意点①：早めに依頼すること

　限られた時間制約下で作業を行うDD実施者にとっては、情報収集の遅延こそ円滑なDD進行における最大のリスクである。DD実施者は、事前に資料提供依頼リストを取りまとめ、できるだけ早い段階で対象会社に提示する。これには、対象会社側での資料準備のリードタイムへの配慮も大切である。

　なお、M&A案件によっては、対象会社に直接取り次ぐのではなく、売り手側を支援しているセルサイドFA（Financial Adviser）を介して資料提供依頼することもある。FAが介在する分、資料依頼から受領までさらに時間を要することもあり、DD実施者は意識的に早期の準備を心がけるべきである。

　留意点②：利用目的を伝えること

　資料依頼の際に、各資料の活用目的を対象会社に伝えることが重要である。対象会社が準備しようとする資料・データの利用目的が正しく伝わらず、資料の内容に過不足が生じることがある。対象会社が提供する資料には、関連証書や契約書などの既存書類の場合もあれば、管理会計データの編集が必要な資料の場合もある。特に後者では、対象会社側で依頼資料の作成作業の手間と時間が発生する。それが結果として買い手の意図に沿わない資料であれば、双方に非効率な状況を生み出しかねない。M&A取引は相互の信頼関係のもとに実施されるものである。買い手が対象会社の何に対して関心を持ち、その実態を理解するためにどのような資料が必要か、買い手側の疑問や懸念を伝えることで、対象会社も適切な情報提供の工夫ができるだろう。

　留意点③：優先順位をつけること

　DD実施者から要求される情報は多岐にわたるため、対象会社の担当者には相当の負荷がかかる。対象会社側では一度にすべての情報をそろえることは難しく、順番に対応が進められる。そのような中、ビジネスDD実施側としては、提供依頼資料に優先順位をつけるべきである。この場合、DD実施のスケジュールに応

じて、早期の段階に必要な資料は優先順位を高く設定する。また、対象会社側で作成・編集が必要なデータの開示では、リードタイムも想定しながら、当該情報の必要性もあわせて伝える工夫をしたい。

留意点④：電子データでの提供を依頼すること

対象会社から財務情報の提供を受ける際には、受領後の作業効率性を考えて、電子データでの提供を依頼する。特に、財務情報などの計数関連データは、スプレッドシートなどによる表計算ソフトでの分析が行われる。紙媒体をスキャニングした資料では、データ入力の手間の発生やそれにともなう誤入力のミスも懸念される。複数の事業や子会社業績の分析では、ビジネスDD実施者側で統一フォーマットを準備し、対象会社側で作業を依頼するのも一案である。このように、資料依頼の際には、資料受領後の作業効率も意識した対応を心がけたい。

依頼資料／質問管理表

ビジネスDDにおいては、膨大な量の資料がやり取りされるため、資料依頼リスト／Q&A管理表を準備のうえ、関係者間で管理・コミュニケーションすることが大切である。**図表3-4**は資料依頼リスト／Q&A管理表の例である。資料依頼リスト／質問管理表には、依頼資料の名称、概要説明（資料取得の目的なども記載）、優先度、受領予定日、提供状況などを記載する。その他、情報提供の依頼日や対象会社の担当者名なども必要に応じて追加する。

このように、対象会社の担当者とDD実施者の間で認識を共有するためにも、共通の依頼資料／質問管理表を作成し、資料の提供状況を管理することが望ましい。

図表3-4：資料依頼リスト／質問管理表（例）

No.	提出依頼資料	説明等	優先度	受領予定日	提供状況	備考
1	会社案内	貴社会社の外部説明用パンフレット等	中	2/19	○	
2	営業報告書	貴社の営業の状況に関する報告書	高	2/12	○	
3	連結財務諸表	連結損益計算書、連結貸借対照表、連結株主資本等変動計算書、連結キャッシュ・フロー計算書および連結附属明細表	高	2/12	○	記入フォーマットあり
4	税務申告書	法人税、地方税（都道府県民税と市町村民税）、消費税の申告書	高	2/12	○	

②資料受領

いざ対象会社から資料を受領しても、手元の作業に没頭して資料確認を怠ることがある。上述のように、慎重な資料依頼を行っても、対象会社の意向が適切に反映されていないことは起こり得る。資料受領したその瞬間に留意しておきたいポイントを解説する。

留意点①：その場で受領資料を確認すること

対象会社から資料を受領したら、まずその場で受領資料を確認したい。すなわち、資料自体が参照可能な形とされているか、速やかに確認する。セキュリティ上の問題でファイルが開封できないことや、ファイル自体が不完全な状態であることなど、場合によっては即座に情報提供者側と連携をとる必要が出るためだ。資料を受領してから一定の時間経過後にこれらの事象が判明し、対応を求めた場合、対象会社側の担当者らへの心証を害することにもなりかねない。最悪、その後の資料開示の対応に影響を及ぼすこともある。資料受領時の速やかな確認は、作業中の手を一度止めてでも実施するように心がけたい。

留意点②：目的との整合や前提を確認すること

資料が参照可能な状態にあるか（留意点①）の確認のみならず、当該情報が、DD実施者が想定した依頼事項に沿っているか、内容面の確認もしておきたい。特に、計数関連情報においては、事業部／製品別や年度／四半期別などの情報の粒度を満たしているか、必要な単位で記載されているかなど、依頼内容への整合の確認は重要だ。また、データの一貫性の確認も大きなポイントである。例えば、過去の組織変更や間接費の配賦方法の変更、突発的な事象発生などにより、データ対象期間中の連続性が保たれていないことがある。このような場合、対象会社に対して、当該前提に関する追加的な確認が必要となる。場合によっては買い手側で再集計などの作業を依頼せざるを得ないことにもなるため、注意が必要だ。

このように買い手の要請に応じて、対象会社が財務／管理会計の情報をもとにしてデータ編集する場合、3つのズレが生じやすい。それは、原価差異のズレ、管理会計と財務会計のズレ、そして期ズレである。当該修正には相応の時間を要するため、分析作業の後半で気づいたところでは取り返しのつかない状況となる。資料受領時に特に注意しておきたいポイントだ。

原価差異のズレ

"原価差異のズレ"は頻繁に発生し、かつ分析上製品の収益性に直接大きなイ

ンパクトを与える。工場で生産管理を行う担当と本社で経理を行う担当が異なり、原価差異に違和感を持ちつつも有効な対策が打たれていないという会社は多い。実際に、営業利益20億円の事業で5億円の原価差異が生じているにもかかわらず、差異認識ができていない事例もある。特に、複数製品が共通工程を持つような業態では、原価差異が起きやすい。原価差異のズレに対する社内での取り扱いについては、慎重に確認しておきたい。そのうえで、ビジネスDDにおける開示資料の前提・基準について明確にしておくべきである。

管理会計と財務会計のズレ

2つ目は、"管理会計と財務会計のズレ"である。多くの事業会社において、予実管理などの管理会計と決算報告を担う財務会計の担当部署は異なることが多く、当該数字のズレを生むことがある。このズレは、本社経費の配賦方法や計上する費用項目の違いに起因することが多い。例えば、液晶ディスプレイを製造販売する企業では、ディスプレイの製品保証期間内の修理コストをその修理確率に応じて引当計上する必要があるとする。本引当勘定は国内では売上原価であるのに対して、一部の国では営業外損失項目とする場合がある。地域による勘定科目の不一致が、管理会計における営業利益と決算時の営業利益の差を生むことになる。

DD実施者は資料受領後、勘定の内訳明細が財務諸表の勘定合計と一致しているか、受領した連結財務諸表が有価証券報告書等の数値と一致しているかなどを、速やかに確認しておくことが重要である。

期ズレ

3つ目は、"期ズレ"である。日本企業は3月決算が多い一方、欧米や中国など、海外では12月決算会社が多い。財務会計上、連結財務諸表の作成では（3ヵ月の決算末尾のズレを許容して）海外の12月決算と国内の3月決算の財務諸表を結合する。他方、ビジネスDDにおいては、実態的な運営状況を把握すべく、同一時期における連結業績分析が必要な場合がある。買い手がその前提で資料提供を依頼した場合でも、対象会社による資料では当該ズレまで調整されていないこともある。

DD実施者は、財務情報の前提を適切に把握し、このようなズレが発生していないか確認すべきである。他の留意点とあわせて、資料受領時に速やかに確認しておきたい。

③資料不在

対象会社への資料提供依頼に対し、対象会社が準備・対応できない資料も多く存在する。例えば、そもそもDD実施者が要求するような情報が対象会社内部に存在しない場合や、DD実施者の依頼に応じたデータ編集に多大なる時間を要するため、期日までの開示に間に合わない場合などである。また、対象会社が意図的に情報開示を控える場合もある。当該情報の機密性が極めて高く、M&A取引のクロージングを迎えるまでは買い手に情報提供ができないというケースもある（なお、競合同士でのM&Aの場合、クロージング前の競争情報に関係する機微情報の共有が、法律上、制限される場合もある[13]）。

このように、DD実施者の依頼情報が提供されない場合、DD実施者として、まずは対象会社にその理由を確認し、適切な対応策を検討することが必要となる。

対策①：受領期限の延長

資料収集に時間がかかる場合、ビジネスDDにおける当該情報の優先度を再検討する必要がある。当該情報の重要度が高い場合は、ビジネスDDの作業進捗状況を踏まえつつ開示期限を再調整する。当該情報の重要性が高くなければ、優先順位を落とすべきである。対象会社において多くの手間が発生するようであれば、早々に開示要求を取り止めにする配慮も必要であろう。その分、対象会社には他の情報開示の準備に集中してもらうほうが、双方にとって有益といえる。

対策②：代替情報による手当

対象会社に要請した資料がないと判明した場合、当該事項に代替する情報がないかどうか検討する。買い手は、当然、対象会社がどのような情報を社内で管理・保有しているか認識せずに資料開示を依頼する。対象会社の中には、依頼内容に完全に一致せずとも、買い手の目的に合致する別の情報が存在する場合も多々ある。買い手として、対象会社と丁寧なコミュニケーションをすることで、代替情報を模索したい。

なお、対象会社の中で、すぐに提供可能な形で情報が整理されていない場合も多い。その場合、一定の前提などを置いてデータ編集・資料作成を新たに行うことが多い。このような場合でも、本来、業績構造分析などの分析は事実に基づい

13　ガンジャンピング規制という。M&A取引完了前に、価格や顧客情報などの共有が、競争法上の違反行為とみなされる。ガンジャンピング規制対象のM&A案件では、クリーンルームを設置し機微情報（センシティビティ情報）の取扱いを厳格に管理する場合もある。

て行われるべきものであるため、前提を置く場合は、可能な限り現実的な前提を置くべきであり、結論の数字から逆算した数字合わせの前提を置くことは避けたい。

対策③：推計・推定・推論による分析

想定どおりに資料入手が叶わずとも、分析を諦めるわけにはいかない。収益の源泉が何であり、将来どういった収益創出の機会が存在するかが理解できなければ、買い手は投資判断ができないからである。

業績不振の企業において多く見られる事象として、社内データが適切に整備されていないことがある。製品別やチャネル別の収益性を自社でも認識できていないケースなどが考えられる。例えば、ある食品卸売業グループでは、適切な子会社ごとの適切な収益管理がなされておらず、ポストM&Aにおけるポートフォリオ再構築の検討が困難な状況であった。本事例では、販売会社が2社、製造会社は冷凍食品、飲料、菓子、調味料等製品分類ごとに10社あった。買い手は、収益性が高い製品分類を把握し、低収益製品からは撤退したいと考えていた。しかしながら、販売会社と製造会社を連結した製品分類別の損益情報が存在しない。そこで、各社の簡易連結を行い製品分類別の損益を割り出した。相当の手間と時間を要したが、製品分類別の収益性を推計することにより、最終的に撤退・存続の戦略的な判断を下すことができた。

このように、買い手の希望を完全に満たした情報が用意されると考えるべきではない。買い手は、論点・仮説に基づいて、受領資料をもとに必要な推計・推定・推論により独自の分析を深めることが必要だ。

2 マネジメントインタビューの"技法"

(1) マネジメントインタビューとは

買い手にとっては、マネジメントインタビューも極めて重要なイベントである。マネジメントインタビューとは、対象会社の経営幹部らに対して、ビジネスDD実施者が直接ヒアリングを行うことをいう。

買い手としては、対象会社の現経営者の続投可否に関する重要な判断材料などに活用する。インタビューの受け答えの内容から、買い手は現経営者のリーダーシップ、経営能力、人柄、ビジョン、事業に対するコミットや熱意などを評価す

る。また、マネジメントインタビューでは、資料だけでは得られない対象会社内部の実態を窺い知ることができる。例えば、部門間のパワーバランスによる社内意思決定構造や、人材活用や育成に影響を与える企業カルチャーなども、経営幹部の目線を通して見えてくる。マネジメントインタビューでは、対象会社の経営そのものを知ることができるため、極めて重要な情報源となる。

　なお、ビジネスDDでは、対象会社のマネジメントのみならず、事業現場の実務者にまで幅広くインタビューを実施する。しかし、買収に対して良いイメージを持たない企業においては、マネジメントから非協力的な姿勢を示されるケースも少なくない。その場合、インタビュー設定まで想定以上の時間を要し、インタビューで得られる情報が極端に制限される。後に続く事業現場の実務者らへのインタビューにおいても、マネジメントの姿勢が影響し、消極的な情報開示姿勢により十分な情報を得られない場合もある。むろん、実務者らがマネジメントの意向に影響されない場合もある。例えば、再生企業に対する買収のケースでは、株主や経営幹部の変更に対する関係者の期待感を背景に、新株主（経営者）となる買い手に対して好意的な対応をされることがあった。その他極端なケースでは、DD実施時、内部告発によってマネジメントの不正や粉飾等が明らかになることもある。

　一方、買い手と対象会社間で円滑にコミュニケーションが進んでいる場合は、マネジメントや事業現場の実務者からも、インタビューや資料提供でも協力的に応じてくれる。

　このようにビジネスDDでは、経営者層に対するマネジメントインタビューを皮切りに、部課長クラスや実務担当者などへとインタビュー先が広がっていく。生の情報は対象会社の現場にあるため、適切な関係者にインタビューを実施して情報を引き出していく。しかし、M&A案件の状況次第では、マネジメントや担当者らの協力姿勢はまちまちであり、その状況に応じて適切かつ柔軟な対応を図る必要がある。また、適切な関係者に適切な質問を投げかけることで、効果的な情報収集に努めたい。**図表3-5**は、対象会社が準備するインタビューの質問内容（アジェンダ）の一例である。

(2) マネジメントインタビューの隠れた目的

　買収成立後も、対象会社の現経営者が続投するかどうかにより、対象会社から

図表3-5：主要インタビュー項目（例）

- **貴社グループの強み・課題について**
  - 競合他社との比較において、貴社グループの強みおよび課題を教えて下さい。特に、他社に真似されない（真似できない）経営資源（従業員・技術・風土・収益構造上の特徴・顧客とのつながり等）を教えて下さい。
- **貴社グループの経緯・歴史について**
  - 貴社グループは、海外に複数拠点を持つグローバル企業として存在感を発揮しておられますが、海外に積極的に進出した背景を教えて下さい。また、トップマネジメントとして、海外事業を展開するうえで、最も難しいと感じられている経営上の課題を教えて下さい。
  - オーナー企業としての経営の難しさがあれば、教えて下さい。
- **貴社グループの課題について**
  - 貴社のグループ連結の業績を見ますと直近2年程度の損益は、芳しくない状態にありますが、業績悪化の主たる要因を教えて下さい。また、業績悪化要因を改革する（取り除く）ために、障壁となった要因を教えて下さい。
  - リストラクチャリング（組織統廃合や在庫管理の見直し、人員リストラや販売費削減等）により競争力を確保することは、事業を継続するために必須であると思われますが、リストラクチャリングを実行するうえで何らかの障壁があれば、教えて下さい。
  - その他重要と考えられる当面の課題（例えば、研究開発面での利益貢献など）について教えて下さい。
  - 貴社グループにとって経営上最も大きなインパクトをもたらすリスクはどのようなものが考えられますか。
- **貴社グループの方向性について**
  - 当業界が激しく変化している中、国際的な視野に立った貴社グループの長期的な戦略方向性について、どのようにお考えでしょうか。
  - これまで、他社との合従連衡の可能性をご検討されたことはおありでしょうか。当業界では、競合他社、川上・川下等の企業と提携等を行うことによって、さらなる競争力を確保することが可能でしょうか。

以上

提出される資料や事業計画のトーンが変わってくる。マネジメントとの対話においては、事業計画の詳細な前提や論拠確認の前に、全社戦略や経営方針などの経営の根幹を知ることが重要である。買い手にとっては、事業計画の詳細分析前に直接、経営幹部からこれらの考えを尋ねることは、マネジメントインタビューの目的の1つといえる。また、買い手としては、直接的な対話を通じて、当該経営幹部の（ポストM&Aにおける）続投有無の判断材料を得ることも、大事な目的であることは上述のとおりだ。

　その他にも、マネジメントインタビューにおける隠れた目的がある。それは、次世代の経営幹部の存在をつかむことである。マネジメントインタビューが終了する頃になると、優秀な社員を何人か見つけ出せていることがある。組織や事業を客観的に分析し、会社に対して建設的な問題意識を持っている社員などであり、多くは、30～40歳代の中堅層であることが多い。買い手は、既存体制下で能力

を最大限発揮しきれていない社員、特に次世代の経営を担う若手社員の活躍により、企業を活性化させたいと考えている。ビジネスDDの観点からも事業計画の妥当性の検証の際、現場の事業推進力の評価も重要となる。日本企業の場合、そのような事業推進力は優秀な中堅層が担っている場合が多い。彼らは中長期的に企業の活力を最大化させるために必要不可欠な人材であり、ポストM&Aにおける施策検討も念頭に置いて十分考慮したい。

(3) インタビューする側の留意点

マネジメントインタビューの目的を確実に果たすためには、いくつかの重要なポイントを意識して臨みたい。

留意点①：事前準備を怠らないこと

マネジメントインタビューでは、せいぜい1～2時間という限られた時間の中で、引き出したい情報をいかに効率的に聴取できるかが鍵であるため、事前準備が非常に重要となる。インタビューにおいては、他の資料からわかることを尋ねるべきでなく、インタビュー相手に直接尋ねることでしか得られない内容に集中すべきである。そのためには、対象会社から提供された資料をインタビュー前に十分に精査し、論点・仮説を明確にしたうえで、検証するスタンスで臨むべきである。また、あらかじめ質問項目を対象会社に伝えておくと、インタビューの趣旨が対象会社に伝わり、必要に応じて事前に説明材料の準備がされることも多い。買い手側の事前準備によって対象会社の行動・発話が変わり、インタビューを効率的に進めることができるのである。

さらに、インタビューにおける対象会社側の出席者や役回りなどに応じ、買い手側はインタビューの進め方を検討しておくと良い。質問が広範囲に及び、対象会社側の出席者が多くなる場合は、前半と後半などでパートを分け、対応者を分けるのも一案である。例えば、前半に対象会社の役員が全社戦略や経営方針に関するインタビューに対応し、後半に経営企画部や経理部、各事業の担当者が、実務面での詳細な質問に対応する。これにより、双方の負担を軽減するとともに、インタビュー自体も円滑に進行することができるようになるだろう。

留意点②：明確かつ具体的な質問内容に留意する

インタビューでは事前検討した論点・仮説を踏まえながら、明確かつ具体的な質問を心がける。漠然とした質問に対しては、漠然とした回答しか返ってこない。

もし質疑応答が抽象的になってしまう場合、質問内容を具体化する必要がある。例えば、「Ａ製品の市場における評価はどうか」と漠然と尋ねるのではなく、「Ａ製品は、ＢやＣという競合製品と比べて顧客満足度にどの程度の差があるか。その理由は何か」とすることで、対象会社から具体的な回答が得やすくなる。また、「消費者サーベイにおいて、価格・使い勝手などの指標の差はどうであったか」など、定量的な裏づけも取得できれば"尚よし"である。明確で効果的な質疑応答にすることで、具体的な回答や客観性をともなった情報を取得できるため、説明力が高くなる。買い手側の質問の仕方によって、対象会社から得られる回答が大きく変わることを意識し、質問事項の検討も十分に重ねるべきである。

　なお、質問事項例については図表３-５にも示したが、この段階から明確かつ具体的な質問とすべきである。もし、概念的な質問や複雑な取引形態に関わる質問など、言葉では伝えづらい場合には、図表やイラストなどの補足資料も準備してインタビューに臨みたい。

留意点③：話しやすい雰囲気を作ること

　DD実施者は、買い手に対して自社の内情を開示することについて、対象会社は法的義務を一切負っていないことに留意すべきである。対象会社はDDにおいて包み隠さず情報を開示すべき、との一方的な姿勢は慎むべきである。DD実施者は対象会社との良好な関係構築に努め、相手が話しやすい雰囲気を作ることも大事だ。特に、企業救済の性質が強い場合、買い手が対象会社に対して無意識のうちに上から目線の言動がなされることが往々にして見られる。対象会社の社員は、買い手のそのような感覚を言葉の端々から敏感に察する。買い手と対象会社はニュートラルな関係性であることに十分留意し、短時間のインタビューでも相互信頼を醸成したい。

　また、対象会社の中堅社員に対するインタビューにおいては、現状の制約を取り除いてあげることも話しやすい環境につながる。例えば、「資金をいくら使ってもよいとしたら、どこに投資したいですか」や、「自分が社長であればこの工場をどのように変えたいですか」というような質問も効果がある。現場担当者らは、経営陣が決定した事業・投資方針などにおいて多くの制約の中で事業を遂行しているものである。それにより、諸課題に対して本質的なテコ入れをできず、問題発生の都度に対症療法を続けていることも多い。M&Aは"制約からの解放"と表現されることもある。質問の仕方を工夫するだけで、現場担当者らの固定概

念を排除し、自由な発想から今後の企業価値向上施策につながる有用なヒントが得られるかもしれない。

　　留意点④：回答者に応じて質問形態を工夫する

　当然ながら、インタビューでは、多様に異なる人間性をもった回答者により対応される。口数の多い人もいれば、少ない人もいる。せっかちな人もいるし、忍耐強い人もいる。抽象度の高い説明を好む人もいれば、具体性にこだわる人もいるだろう。インタビューの早い段階で回答者の性格を見極め、質問順序の変更や質問形態（オープンクエスチョン、クローズドクエスチョンなど）を絶妙に使い分けることが、インタビューの成否を分けるだろう。例えば、口数が多い回答者の場合、インタビューの時間中ひたすら自分が話したいことだけを話すことがある。あるワンマン社長の１時間のインタビューでは、社長が９割以上話し続け、質問者は他の質問をぶつける余地がないまま時間切れとなってしまった。また、ある技術畑の回答者の場合、技術の話題となると質問の域を超えて話し続けてしまい、他の質問の時間を取れなくなってしまった。したがって、上述した「話しやすい雰囲気を作る」ことにも留意しながら、インタビューをコントロールすることも必要である。上機嫌で話す回答者に対して、その話を中断して別の質問に移ることは難しいことであるが、そのような場合、最初から最も確認したい質問に集中し、オープンクエスチョンを控えてクローズドに近い質問に切り替えることなどが考えられる。逆に、無口な回答者の場合は、「はい」か「いいえ」で回答するクローズドクエスチョンが中心になってしまうと、十分な情報が得られ難いため、オープンクエスチョンを織り交ぜる工夫も肝要である。また、インタビュー実施前にも、各担当者に対する質問事項や時間配分の認識合わせを先にしておくことは、有効な事前準備策といえるだろう。

3 ワークショップの"技法"

（1）ワークショップとは

　内部情報収集における"技法"の最後は、ワークショップ運営である。本書におけるワークショップとは、数人のグループとファシリテーターに分かれて、経営課題など特定のアジェンダに基づいて行う議論をいう。ファシリテーターのリードのもと、「何が原因か」、「どうすれば解決できるか」など、建設的な方向

で議論を進めていく。ワークショップは、対象会社のみ参加する場合と、買い手・対象会社の両社が参加する場合がある。

　ワークショップは、特にポストM&Aにおける、両社による企業価値向上施策の議論において有効な手法といえ、企業文化や組織改革など関係者の意識統一を図る場面などにおいて活用されることが多い。ビジネスDDの時間的制約や、買い手／対象会社の関係性を踏まえると、活用可能な場面は限定的ではある。しかしながら、両社がポストM&Aにおける協業への意識が高いほど、ビジネスDD期間中から、ポストM&Aの経営方針などについて議論を開始することは極めて意義が高いといえる。M&A交渉プロセスとの兼ね合いも配慮する必要があるが、状況が許せば、当該交渉プロセスとは異なる時間軸でワークショップを継続活用して行くこともぜひ検討したい。

(2) ワークショップの効用

　ワークショップの目的は、ビジネスDDの段階からポストM&Aを見据えた取り組みを開始することである。上述したように、買い手と対象会社が協業する企業価値向上施策の検討を、早期の段階から両社で始めることで、その実行性は高まるだろう。また、当該協議には可能な限り、両社事業部などの施策実行の担当者が関与するのが望ましい。通常のM&Aプロセスにおいては、一般社員に広くM&A交渉の状況は知らされることはない。また、上述したように、競合同士のM&Aの場合、M&A取引のクローズ前の機微情報のやり取りは、法律上制限されることもあり、当該プロセスへの関与すら認められないケースもある。諸々の制約がある中で、可能な限りではあるが、早期の検討段階に関与することで、参加者における議論の腹落ちや納得感は大きくなる。実際に実行者として責任ある立場から議論に参加し、実行段階のコミットメントの醸成にもつながるであろう。逆に、現場社員の理解や意見聴取もされないままに策定されるアクションプランは、実行力の点でリスクが懸念される。関係者の自律的な行動を促進するのがワークショップの効果といえよう。

　なお、多数の関係者の巻き込みは難しい場合でも、両社の経営メンバー限定でのワークショップでも十分に効果は期待できる。M&A交渉プロセスの中で、単なる勝ち負けの交渉に終結させず、M&Aそのものが両社の企業価値最大化を図るための共通手段であるとして、両社協業を深化させる契機にもなるだろう。

(3) ワークショップ運営の進め方

上述したとおり、ワークショップは企業価値向上施策の検討の一環で行われることが多い。買い手と対象会社におけるシナジーやQuick Hitsの検討である。

図表3-6のとおり、ワークショップ運営には、主に3つの大きなステップが想定される。まずはテーマ、すなわちワークショップのメンバーで議論をしたいことを設定する。そして対象会社からの参加メンバーやファシリテーターも設定し、ワークショップ開催に向けた準備をする。そのうえで実際にワークショップを開催し、その結果について、買い手と対象会社それぞれのマネジメントへ答申を行う、という流れである。

ワークショップの運営には、第三者のアドバイザーを起用することが望ましい。対象会社のみの参加とする場合には、ファシリテーターが中立的な立場でセッションを運営することにより、対象会社が抱く買い手に対する憂慮を排除し、買い手に直接的には言いづらい内容を含めて、対象会社の課題や解決策を活発に議論してもらうことができる。複数のワークショップが行われる場合、PMO（Project Management Office）を設置し、各ワークショップの進捗管理や、1つのワークショップでは検討しきれない課題についてフォローする体制にすることが望ましい。上述したとおり、買い手・対象会社双方からの参加によるワークショップでは、両社経営のシナジー策について活発な議論が期待される。ある食品メーカーに対するM&A事例では、買い手と対象会社の両社シナジーの検討にあたり、第三者アドバイザーがPMOと複数のワークショップに参画した。これにより、両社の議論が活性化され、ポストM&Aにおける施策立案につなげるこ

図表3-6：セッション運営のアプローチ

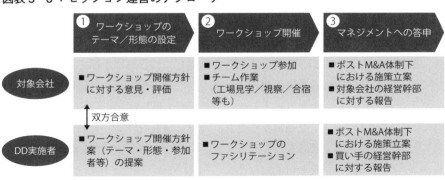

とができている。

(4) ワークショップのテーマ／形態の設定

ワークショップの開催要領について、DD実施者側が対象会社に提案し、対象会社の意見・評価をもとに双方で合意する。開催要領には、ワークショップで議論されるテーマやその数、ワークショップへの参加者や実施形態などを含む。

ワークショップのテーマについて、当該M&A案件において期待されるシナジーの個別施策ごとに両社議論を想定する場合、まずはシナジー施策に何があるか検討する。ワークショップが開催されるタイミングは、各種資料も受領し、集中的な分析が進んでいるビジネスDDの中盤頃であろう。マネジメントインタビューの実施も終わり、期待されるシナジー施策やQuick Hitsの概案が出てくる頃でもある。これをワークショップのテーマ候補とするのが適切といえる。ただし、当該施策案が複数ある場合、買い手が想定する優先順位については対象会社に開示を控えておくのが良い。対象会社が考える優先順位も含めて、ワークショップのテーマ選定をすると良いだろう。

(5) ワークショップの開催

ワークショップの開催方針が決まれば、テーマごとにワークショップのチームを組成する。上述の例で、シナジー施策やQuick Hitsの内容次第では、両社からの参加メンバーが異なってくる。販売シナジー関連には事業担当者が参加し、製造工場のコストシナジーであれば工場運営担当者の参加が求められる。ワークショップのテーマに適した参加者と人数を慎重に選定する必要がある。

なお、各チームの主な重要メンバーは、対象会社の社員である。DD実施者は運営者として各チームに参画する。各チームにはテーマの他に目標と期限が与えられ、運営者のファシリテーションのもとで開催される。ワークショップでは、発散型議論によりシナジー施策を制約なく議論し、終わりにかけては議論結果として収束させていく。複数回のワークショップを開催する場合には、始めに前回の議論をおさらいし、終わりに当日の検討結果と未解決事項の確認をすることで、効率的にワークショップを運営すべきだ。毎回議事録を作成し検討経緯を記録することは、出席者間で認識を合わせるとともに、ワークショップに出席していないメンバーへの情報共有も可能となる。

(6) マネジメントへの答申

　ワークショップへの対象会社社員の参加は、ポストM&Aにおける企業価値向上策の実行性を高める工夫の1つでもある。一方で、日常業務に忙殺される社員に、本件のような非日常業務に真剣に参加してもらうためには、そのような意識づけが重要となる。つまり、ワークショップの検討が、自社の将来にかかっていることを認識してもらうのである。

　そのための仕掛けの1つが答申である。セッションの中間および最終段階において、テーマごとに経営陣に対して答申を実施する。シナジー施策の具体的な内容や方法、体制およびスケジュールなどの詳細案を含めた報告となる。M&Aプロセスにおける机上の空論を議論するものではなく、ポストM&Aにおける戦略に直結する議論であることから、参加メンバーの真剣さは増してくるだろう。

　むろん、M&A案件の性質により、ワークショップの運営方法（対象会社のみ・両社参加など）も異なってくる。また、ポストM&Aでマネジメント自体も入れ替わる可能性もあるため、その活用方法は案件に応じた工夫が必要となる。ここで重要なのは、単なる議論に終わらせず、シナジー施策の実行という形で、企業価値向上に直接資する議論であること、またその実効性を高める工夫としてのマネジメントへの答申であることに留意いただくことである。

第 4 章

外部情報収集に必要な3つの"技法"

本章では、外部情報収集に必要な"技法"について紹介したい。ただし、外部情報収集は、前章で述べた内部情報収集と異なり、ビジネスDD特有のテクニックが多く存在するわけではない。公知情報の収集については、一般的なインターネット検索を多く活用しながら進められる。本章では、ビジネスDDにおいて知っておくと便利な情報源や有識者インタビュー、および消費者調査の手法について概説したい。

1 リサーチの"技法"

(1) 主な情報リソース

外部情報のリサーチは、ビジネスDDが始まる前から始まる。リサーチでは、一般的に入手可能な情報ソースから、対象会社の業界情報、事業概要や財務情報、業界動向や変動要因を取得する。

主な情報源の一例としては、**図表4-1**などがあげられる。インターネットが発達した昨今、取得可能な情報ソースは限りなくあるため、ビジネスDDの目的や論点に照らして、必要な情報ソースを選択することが肝要だ。

(2) リサーチのプロセス

ビジネスDDの最終目的を常に念頭に置いて情報収集を行う。情報収集や作業に没頭すると、つい情報収集自体が目的化しがちだが、これは絶対に避けなければならない。あくまで、情報収集は仮説構築・検証のための材料探しであることを強く意識したい。

対象会社の業界に関する知見がない場合、一般的な情報ソースとして、市場動向に関する書籍や業種別審査事典、業界団体が取りまとめた業界説明や統計情報

図表4-1：主な情報源（例）

項目	情報源（例）
市場動向	■外部調査機関による市場調査レポート ■新聞記事検索、業界専門書籍、経済紙 ■企業、業界団体などが作成した業界説明資料・統計データ ■業界・企業のアナリストレポート ■業種別審査事典（金融財政事情研究会） ■各国統計、世界統計（World Bank、IMF、OECD、FAOなど）
競合他社や 対象会社の動向	■企業ホームページ（対象会社、競合他社など） ■有価証券報告書／EDINET、アニュアルレポート ■外部調査機関データベース（CapitalIQ、Orbis、SPEEDA、Bloombergなど） ■各種学術論文・特許DB（CiNii、エルゼビア、トムソンロイター、GooglePatents、各国特許関連省庁ホームページなど） ■企業信用情報（帝国データバンク／東京商工リサーチ／D&Bレポート）

などが有用である。まずはこのような資料を参照しながら、対象業界を俯瞰することができる。

また、対象会社を含めた当該業界におけるプレイヤーの動きを把握すべく、専門業界誌や業界トップ企業が作成するファクトブック、業界や特定企業に対する金融機関のアナリストレポートなどの参照により、業界プレイヤーや特徴、対象会社の業界における位置づけを概観できる。昨今の業界動向や業界プレイヤーごとの主要な取り組みなどについては、記事検索が有用である。全国の地域紙や業界専門紙の他、ビジネス誌の抜粋記事なども可能である。外部の有料サービスや国会図書館、業界関連のライブラリの活用が想定される。また、特定業界の市場調査レポートも活用可能である。国内外で調査会社が市場調査レポートを有料販売している場合がある。海外のニッチな業界・製品などを概観する一歩として、外部調査レポートの活用も有効ではある。

最後に、対象企業に関する情報は、企業のホームページや金融庁のEDINETから得られる有価証券報告書などの財務情報が有用である。非上場で情報の少ない企業の場合は、帝国データバンクが収集した有料の企業情報も重要な情報源となろう。

2 有識者インタビューの"技法"

有識者インタビューの目的は、公開情報で得られない情報収集やそれをもとにした仮説構築、仮説検証があげられる。有識者インタビューでは、①何を問うか（質問設定力）、②誰に問うか（調査設計力）および③どのように問うか（コミュニケーション力）を押さえることが重要である。

まず、「①何を問うか」においては、前述したマネジメントインタビューなどと同様、制限された時間の中で、最も重要なアジェンダに注力すべきである。ここでいう重要とは、論点・仮説構築や検証に直結するか否かどうかを指す。インターネットの公開情報や、対象会社からの受領資料に記載があるような情報を繰り返し有識者から聴取することは効果的とはいえない（ただし、検証目的であれば否定されるものではない）。重要性の観点から問うべき事項について、事前にアジェンダとして慎重に整理しておく必要があるだろう。この点も、マネジメントインタビューにおける質問項目の準備とその本質は変わらない。**図表4-2**に

図表4-2：質問項目例

問題点解明のための質問事項	想定仮説（初期的）
営業担当者が、顧客ニーズを汲みきれていないのか	営業担当者は、単なる"御用聞き"になっていて、顧客ニーズやそこから得られるであろうインサイトを把握できていないのでは？ そもそも、顧客も自分でニーズがわかっておらず、"提案型の商品開発"が求められているのでは？
営業担当者が、顧客ニーズを把握できているが、商品企画部に伝わっていないのか？	営業担当者からの情報がバラバラに管理されており、商品企画部に情報が正確に伝わっていないのでは？ 商品企画部に情報は伝わっているが、新商品でなく、既存商品のリニューアルを重視する評価体系になっていないか？
顧客ニーズは、商品企画部に伝わっているが、それを再現できていないのか？	開発部は既存商品の対応に追われており、新商品に投入する人的リソースが不足しているのでは？ 投入リソースは充足できているが、顧客ニーズ実現には、技術ノウハウが不足しているのでは？

は、質問事項と想定仮説例を示した。

　次に、「②誰に問うか」である。適切なインタビュー候補者を洗い出し、上記のインタビュー項目に対応できる最適な候補者を選定する。ビジネスDDにおける有識者インタビューでは、業界知見者、業界団体、業界雑誌・業界紙の出版社などが候補になることが多い。インタビュー候補者の選定では、事前に簡単な質問により対応可否を判断する場合もあれば、候補者の属性（過去の勤務経験、所属部門・部署、役職など）により、同じく対応可否を推定できる。逆に、インタビュー目的から逸脱しない限りにおいて、当該候補者の属性に合わせて①の質問項目を調整すると、より効果的である。

　最後の、「③どのように問うか」とは、インタビューにおけるコミュニケーション方法のことである。これもマネジメントインタビューにおける留意点で述べた、相手が話しやすい雰囲気を作るとも関連する。まずは、相手と率直に意見交換しやすい雰囲気を醸成するためのアイスブレイクが、いかなる場面でも有効である。唐突に本題に入る場合もあるが、短時間で協力を得るためにはぜひとも活用したい。また、その進行においても、インタビュー目的や質問事項を事前に伝達しておくことで、相手方の準備も期待できる。

なお、有識者インタビューは、業界知見などの専門性を補完することが目的であるが、ビジネスDD実施チームにそのような専門家を組み入れることも一案である。対象業界の市場や競合動向、業界特有の商習慣などを熟知した業界知見者自らがDDを実施することで、各種分析で深い示唆が得られるばかりでなく、ポストM&Aにおける有効な企業価値向上策を立案できる。例えば、ある消費財メーカーのM&A案件において、ビジネスDD実施者に消費財のオペレーションに熟知した専門家が参画した。これにより、業界水準との比較や対象会社の強み・課題を的確に捉え、買い手の立場ながらも詳細なアドバイスを対象会社の経営幹部に行うことで、双方の信頼醸成に貢献した。その過程では、上述したワークショップも活用し、対象会社の社員らとのシナジー施策議論を実施した。実際には、外部から専門家を招聘することは難しいが、有識者インタビュー以外にも専門家の活用の仕方・方法がある点を紹介しておきたい。

3　消費者調査の"技法"

　消費者インタビューは、大きく分けて対面調査（訪問面接調査、電話調査）と非対面調査（郵送調査、Web調査）に分類される。近年、ビジネスDDでも時間・費用を節約できるWeb調査の活用場面が増えている。
　Web調査は、幅広い対象者に対して多く意見を集約できる点にメリットがある。一方で、サンプルの構成方法には十分注意をしたいところである。例えば、Web調査が可能とする対象属性次第では、高齢者パネルは少ない、特定の所得層パネルは少ないなど、統計的な有意性が担保できない場合がある。実際のWeb調査では、調査目的に応じて消費者セグメントを割り付け、当該サーベイから抽出したい示唆（仮説）をイメージしながら調査票を設計する（いわゆる仮説の検証ともいえる）。本調査票の作成においては、①回収率を高めるため答えやすい質問から配置する、②質問項目間に論理的な矛盾が生じないようにチェックする、③アンケート途中での離反（途中中止）防止の観点から過度なフリーアンサー形式の活用は控える、などに留意したい。アンケート回収後は、単純集計やクロス集計などにより全体的な傾向をつかんだ後、統計解析などにより詳細分析を実施することで示唆を抽出する。なお、Web調査では、主にWeb調査会社を活用することが多い。Web調査会社と密に相談しながら、適切な調査設計と

調査運営を実施したい。
　Web調査を踏まえて、さらに踏み込んだ情報が必要な場合、グループインタビューやデプスインタビューが活用される場合もある。例えば、ある小売店の出店計画の妥当性を検証する際、事前に店舗を回り、店舗で得られた発見をもとに仮説を修正しながらアンケート票を作成した。この結果をもとに、店舗の固定客や特異なセグメントから次の出店計画を立てていくことになる。また、対象会社の顧客基盤や評判を把握する目的でデプスインタビューも活用した。
　このように限られた期間の中で、対象会社の商品やサービスを支える消費者を効率よく分析し、事業戦略に役立てていく際、Web調査は有効な手段となる。

第 5 章
便利なチャート集

1 10チャートの紹介

本章においては、ビジネスDDにおける各種分析結果を整理する際に便利な10通りのチャート（本書では10チャート（テンチャート）と呼ぶ）を紹介する。

(1) チャートの目的と留意点

ビジネスDDの巧拙は、限られた時間の中で、いかに重要な示唆を抽出できるかにかかっている。ビジネスDDを効率的・効果的に進めるためには、分析結果を視覚的に示し、膨大な情報を整理していくことが必要となる。M&Aにおける多くの関係者の理解の促進にも役立つだろう。

チャート作成におけるポイントは、分析から導出されたメッセージを示すための適切なチャートの選択である。例えば、競合他社ベンチマーク分析により対象会社と競合他社との類似点や相違点が認められたとする。当該分析の目的が業界特性の抽出にあるのであれば、類似点が強調されなければならない。逆に、対象会社の特性を抽出したいのであれば、他社との相違点が強調されなければならない。適切で視覚的にも理解しやすいチャートを活用することにより、伝えたいメッセージを的確に伝えることができる。

(2) 10チャートとは

分析結果を整理するために多くのチャートは必要ない。

本章で紹介する10チャートは、分析目的に合わせて組み合わせも可能であり、応用が効くチャートである（**図表5-1**参照）。

以下に、各チャートの特徴、作成の際の留意点を説明していく。

図表5-1：10チャート一覧

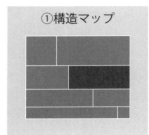

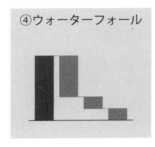
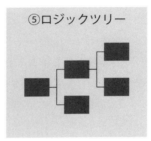
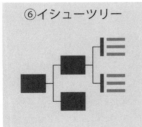
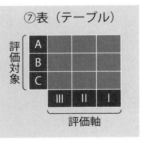
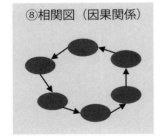
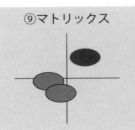
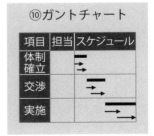

2 基本チャートの解説

(1) 構造マップ

10チャートの1つ目は「構造マップ」(図表5-1①)である。見てのとおり、大きな四角形の枠を小さな四角形で分解したような形である。大きな四角形の枠は、「全体」を意味し、小さな四角形は全体を構成する「要素」を意味する。四角形を使って全体を要素に分解することで、何が重要なのか四角形の大きさ(面積)で視覚的に捉えることができる。

構造マップの作成ポイントは2点ある。1点目は「全体」をどのように定義するか、もう1点は全体を要素分解するときの軸を何にするか、である。それぞれ伝えたいメッセージから逆算して定義・設定するのが良い。伝えたいメッセージの前提とする「全体」や「分解軸」がどのようになっていれば、そのメッセージを本構造マップで表現できるかを考えれば良い。

ビジネスDDでは、対象企業の収益構造を示す場合に構造マップを用いることが多い。企業や企業グループ全体を俯瞰し、各事業が企業全体に与えるインパクトを初期段階で把握するための第一歩としてよく用いられる。一例として、**図表5-2**では、ある企業グループの収益構造を表している。縦軸を事業セグメント

図表5-2：構造マップの例：連結グループの収益構造

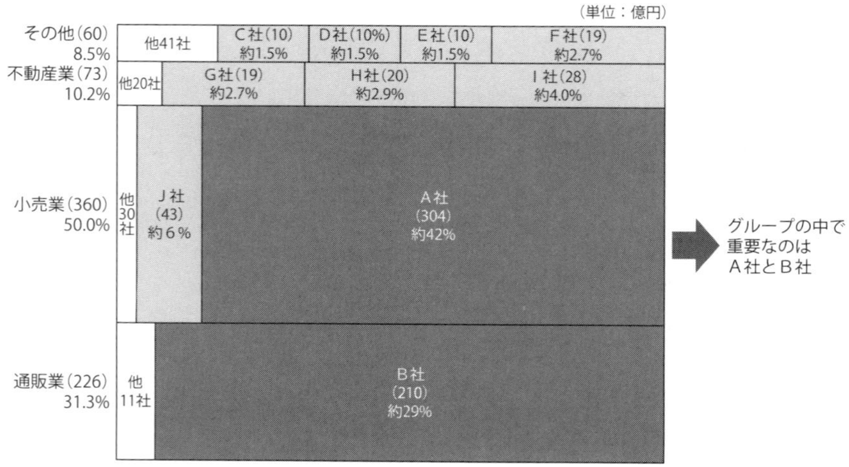

(単位：億円)

事業セグメント	主な企業
その他(60) 8.5%	他41社 / C社(10) 約1.5% / D社(10%) 約1.5% / E社(10) 約1.5% / F社(19) 約2.7%
不動産業(73) 10.2%	他20社 / G社(19) 約2.7% / H社(20) 約2.9% / I社(28) 約4.0%
小売業(360) 50.0%	他30社 / J社(43) 約6% / A社(304) 約42%
通販業(226) 31.3%	他11社 / B社(210) 約29%

→ グループの中で重要なのはA社とB社

（通販業、小売業、不動産業、その他）とし、横軸を個社の売上高と置いて全体を分解することで、企業グループ全体の売上高に占める各事業、各企業の割合が一目で把握できるだろう。

(2) 時系列グラフ

10チャートの2つ目は「時系列グラフ」（図表5-1②）である。その名のとおり、横軸に時間軸を取ったグラフである。ビジネスDDでは、市場動向や業績などのトレンドを示す際に有効なチャートである。ビジネスDDの初期段階において、時間的変化の中から分析ポイントの特定が必要となることが多い。例えば、長期的な市場規模データを時系列に描くことで、トレンドの変曲点が浮き彫りになる。

時系列グラフは一般に折れ線グラフと棒グラフの両方が使われているが、時間的変化を強調するには、折れ線グラフが望ましい。棒グラフではどうしてもその高さが強調されるため、「時間的変化」より「時点間の量の比較」の意味合いが強くなる。この2つの違いを踏まえて意識的に使い分けをしたい（**図表5-3**）。

図表5-3：時系列グラフの例：市場推移予測（棒グラフ／折れ線グラフ）

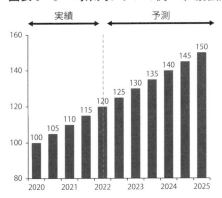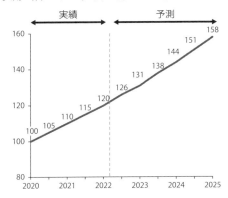

(3) プロセス（ステップ）

「プロセス」は、業務やバリューチェーンの流れを表す際に用いられるチャートである。野球のホームベース型、または山形の図形を横か縦に一列につなげて流れを表現する（図表5-1③）。

ビジネスDDにおいては、業界の流通構造（製造→卸売→小売）や、対象会社のバリューチェーンおよびオペレーションの流れを示す際に用いられることが多い。他にも消費者の購買行動のプロセスを表したAIDMA（アイドマ）の法則（Attention（注意）、Interest（関心）、Desire（欲求）、Memory（記憶）、Action（行動））もプロセス図を使うと理解につながりやすい。

図表5-4は、ある会社のバリューチェーンを示したものである。本事例では機能別に対象会社T社の課題・方向性を整理したが、伝えたいメッセージに合わせて、機能別の戦略や保有資源、シナジー施策や協業相手など、自由に組み合わせ、活用できる。

図表5-4：プロセス（ステップ）の例：ステップ別課題の抽出

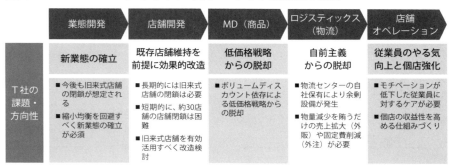

（4）ウォーターフォール

ウォーターフォールは、構成要素を縦長の図形（棒グラフ等）で図示し、滝が流れ落ちるように並べたチャートである（図表5-1④）。定量的な関係を表現したい2つの要素を始点と終点に置いて、始点と終点を結びつける複数の要素を並べる。各要素の長さと向き（プラスかマイナスか）がわかりやすいため、始点から終点までの変動要因や各要素の影響度合いを示す際に用いられることが多い。

図表5-5にA社の2021/3月期の営業利益における増減分析結果をウォーターフォールで示した。本事例からは燃料価格上昇と人件費増および販売電力量の減少による営業利益へのマイナスインパクトが大きいことがわかる。ウォーターフォールはビジネスDDにおいても、このように前年度の利益指標（例えば営業利益）を始点、今年度の利益指標を終点するなどして、利益指標の増減要因

分析結果を表すのに適している。

図表5-5：ウォーターフォールの例：営業利益の変動要因分析

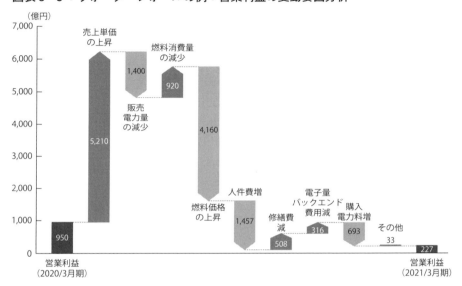

(5) ロジックツリー

　ロジックツリーは、ロジックをツリー状に構成することで論理構造を図示する方法である（図表5-1⑤）。問題の原因を整理・分析する際、課題解決の方策を整理して優先順位をつけるため、ツリーのトップの構成要素を分解する際などに用いられる。ツリー構造を展開する際は、枝分かれの1つひとつがMECE[14]であること、そして抽象度が同レベルであることが重要である。

　ロジックツリーは、1つのテーマでも切り口の選択次第では複数のパターンで分解できる。したがって、ロジックツリーを用いる際には構成・分解を何度も試行錯誤しながら、分析の目的に最も近い切り口を探るのが良いだろう。

　図表5-6は、ある企業の重要顧客を評価したものである。最初の段階で〈現状〉の"利益に大きく貢献しているか？"と、〈今後〉の"利益を牽引してくれるか？"に分解している。利益を〈現状〉と〈今後〉という時間軸でMECEかつ

14　Mutually Exclusive、Collectively Exhaustiveの略。モレもダブリもないことをいう。

抽象度が同レベルの枝に分けている。さらに、〈今後〉の"利益を牽引してくれるか？"は、"顧客の潜在性"と"対象会社との相性"に分解されている。"顧客の潜在性"は、"顧客の業界市場性"と"顧客のマーケットにおける競争力"に、"顧客の業界市場性"は、"規模"と"成長性"に分解された。買い手にとっては、市場が今後どう推移していくかが重要であるため、そのような視点で要素分解している。

なお、本事例では、ロジックツリーの右側に各分解要素を評価するうえでの具体的な視点を記載している。ビジネスDDは、対象会社のビジネス実態やその将来性を評価するものであり、**図表5-6**のようなロジックツリーは、顧客やビジネスの評価結果を整理するのに適している。

図表5-6：ロジックツリーの例：重要顧客評価

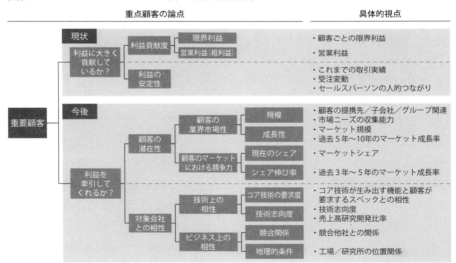

（6）イシューツリー

イシューツリーは、仮説をもとにイシュー（論点）をツリー状に分解・構成したものである（図表5-1⑥）。階層化を進めることで検証すべき論点が具体的に整理できるようになる。ロジックツリーは物事の構造化や整理によく用いられるのに対し、イシューツリーはある仮説・論点に対して、検証すべき事項を明確にする際によく用いられる（**図表5-7参照**）。

実務的には、イシューツリーで細分化された論点から、その重要度を評価して検証すべき論点を選定する。特に、時間が極めて限られたビジネスDDの場合、すべての論点を検証している時間はない。買い手のニーズや対象会社事業の現状・ビジネスモデルの特性などを踏まえて、総合的な見地から、重要論点を見極めることになる。

図表5-7：イシューツリーの例：製品販売に関する検証論点

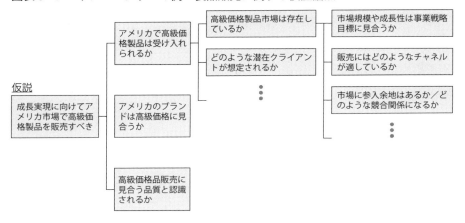

(7) 表（テーブル）

　表（テーブル）は基本的であるものの、いかなる整理にも活用できる最も使い勝手が良いチャートである（図表5-1⑦）。2つ以上の事象の比較において、縦横の2軸で情報を整理したものである。一般的には、縦横どちらかの軸が「比較対象」となり、もう一方が「比較する視点（軸）」となることが多い。

　図表5-8は、縦軸に比較対象として事業分野を、横軸に比較する視点として収益の状況、市場の状況、競争環境を据えて、それぞれの事業状況を整理した。

図表 5-8：表の例：各事業の現状整理

事業の状況

分野	収益の状況	市場の状況	競争環境
A事業	■メーカーの信頼を獲得しており、需要が安定している ■収益性が高く、大きな収益源となっている	■国内は横ばい、海外は成長 ■顧客の海外進出にともない、海外での生産体制構築が部品メーカーに求められている	■メーカーとの結びつきが強く、棲み分けがなされている ■すでに強固な顧客基盤を築いている
B事業	■B事業における機能的優位性により、収益を確保している ■販売価格の下落から、利益率の低下が懸念されている	■国内における販売台数は安定した増加が見込まれる ■最終製品は価格下落の傾向にあり、市場は低成長と見込まれる	■B事業においてシェアトップだが、機能的優位性を喪失している ■取引先および競合数は少なく、寡占状況を形成しつつある
C事業	■回復基調だが、営業赤字の状態にある ■償却費の負担減による利益率の改善が見込まれている	■主力商品の用途拡大や技術革新により成長が見込まれている ■需要動向は不安定である	■3社による寡占状況が形成され、3社で棲み分けもなされている
D事業	■技術的優位性が低く、付加価値を高めることが困難である	■今後、数量は増加傾向が見込まれるが、単価は下落しており販売金額では低成長の分野となっている	■新規参入に必要な設備投資額は低く、参入障壁は低い ■参入企業が多く、差別化が困難なため価格競争が激しい

（8）相関図（因果関係）

　相関図は、複数の要素が複雑に絡み合って影響し合うような場合、要素間の因果関係を表現したチャートである（図表5-1⑧）。先にあげたロジックツリーは、問題を静的に要素分解するのに適しているのに対して、相関図は、「時間」や「序列」などの概念を含んだ要素間の因果関係を動的に表現するのに適している。

　例えば、ブランド品の値下げにより、短期的には（客単価の減少を補って余りある）客数の増加によって売上が増加する。一方で、長期的にはブランドイメージの低下により客数の減少を招き、売上の増加は収束する。このことを相関図で表すと**図表5-9**のようになる。ブランド品の値下げが売上に対して増加か減少のどちらの影響を与えるかについては、時間軸の視点の持ち方（短期か長期か）で結果が異なるわけである。

　ちなみに余談であるが、ブランド品を値下げしてしばらくしてから再度値上げをしたところで、一度ブランドイメージが低下してしまうと客足を呼び戻すことができず、売上は伸び悩む可能性が高いことが知られている（その結果、さらに値下げをすることになるという循環型の相関図になることもある）。そのため、ブランド品の安易な値下げには注意を要する。

図表5-9:相関図の例 商品値下げによる影響

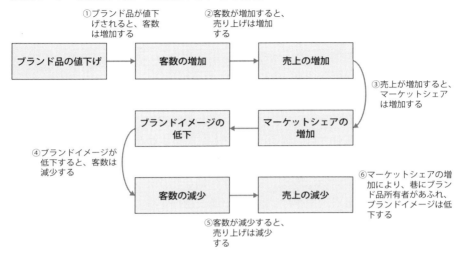

(9) マトリックス

マトリックスとは、縦軸と横軸で4つに区分された平面上の「どこに位置するか」でその要素の特徴を直感的にわかりやすく表現するチャートのことである（図表5-1⑨）。

例えば、製品・事業ポートフォリオ分析のフレームワークとして有名なPPM（Product Portfolio Management）は、複数の製品・事業の戦略の方向性を検討するために、横軸に相対的市場シェア、縦軸に市場成長性をとったマトリックスである。ビジネスDDにおいては、任意の2軸で区分されたマトリックス上にビジネスDDの対象会社と業界他社を配置することで、対象会社の特徴を直感的に把握したり、同業の中でも戦い方が類似している競合を特定したりすることができる。

マトリックスの特徴は、情報を単純化することにある。人間が一度に処理できる情報量には限界があるので、マトリックスを使って2軸に単純化して要素をマッピングすることで、要素間における違いを可視化できる。要素間の相違を明確にするためには、2軸の選定が極めて重要である。軸選びの際に留意すべきポイントは、その2軸を選択することにより、要素が平面上にほどよく散らばるようにすることである。要素が1つの象限に固まってしまったり、一直線上に乗っ

てしまったりするようでは、示唆がわかりづらい。以下のような点にも留意して、軸の選定に努めたい。

① 4つの象限がそれぞれ異なる意味を持つこと（象限ごとの強み／課題、施策方向性など違いを示せる）
② 2軸が2つの2項対立の組み合わせになっていること
③ 軸選びの際に、問題の本質に影響しない細部は気にしないこと

図表5-10は、地方銀行のポジショニングと業務純益との関係性を示したマトリックスである。横軸に自己資本比率、縦軸に時価総額をとっている。この2軸で業務純益をマッピングすると、第1象限（右上）は「業界主導型」、第2象限（左上）は「規模追求型」、第3象限（左下）は「地域密着型」、第4象限（右下）は「堅実経営型」と整理できた。適切な2軸を選択することで、4つの象限に特徴的な意味が備わったことがわかる。なお、業務利益を円の大きさで示す手法を「バブルチャート」とも呼ぶこともある。

図表5-10：マトリックスの例　地方銀行のポジショニングと業務純益の関係性

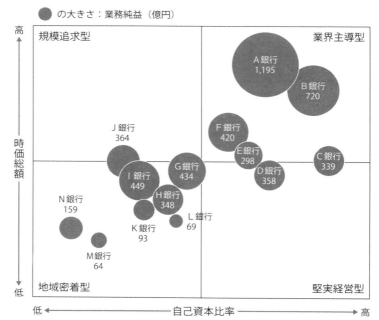

（10）ガントチャート

　ガントチャートは、プロジェクトマネジメント、すなわちタスクのスケジューリングおよび進捗管理において活用されるチャートである（図表5-1⑩）。左半分に実施すべきタスクを記載し、右半分にそのスケジュールを図示する。左半分のリストにはタスクに加えて、作業番号、開始日、終了日、所要期間、担当者など、チャートの使用目的に応じて補足情報を加える。右半分のスケジュールには、作業開始日、終了日など所要期間を横線の長さで表し、各タスクの依存関係を示す。

　図表5-11は、「経営管理体制の強化」のアクションプランである。ビジネスDDで検討される企業価値向上施策の一環として、具体的な実行スケジュールを可視化して整理している。これにより、タスクの重要項目や実行の順番・流れや時期が一目瞭然で把握できる。

　ガントチャート作成にあたっては、タスクの洗い出しが重要である。また、本事例のように、タスク区分（管理会計や生産管理など）ごとに、上から下に実施順に整理すると、右側の横線が時系列に沿って表現がしやすくなるため留意したい。

図表5-11：ガントチャートの例　アクションプラン

経営管理体制の強化

	タスク： 経営管理体制の強化項目	優先順位	実施方法	実施スケジュール（20X1年） 8月 9月 10月 11月 12月 1月 2月 3月
最重要項目	**(1)管理会計** 1. 製品原単価の把握 2. 製品別損益の把握 3. 積極的撤退と集中投資	最高 高 高	・外部専門家を交えて基本設計を行う ・システム化については、他社と共同開発予定	〈来期以降継続実施〉
	(2)生産管理 1. 職務分掌規定の明確化 　〈責任権限・レポートラインの整備〉 2. 直接／間接人員の適正化 3. 生産コスト構造の抜本的見直し	中 高 低	・総務部長を中心に責任権限体系を作成	（すでに実施済み）
	(3)営業戦略 1. 販売価格設定方法の見直し 　〈上記(1)-2を踏まえる〉 2. 納入先別営業戦略の立案	高 中	・取締役常務を中心に営業戦略の見直しを検討	

3 基本チャートの応用

ここまで紹介した10チャートはそれぞれを単独での活用に加えて、それらの組み合わせでも効果的な活用が可能である。本節ではいくつかの組み合わせを例示しながら、10チャートの応用方法を紹介する。

プロセス（ステップ）と構造マップの組み合わせ

図表5-12は、プロセス（ステップ）と構造マップの組み合わせ例である。バリューチェーンと製品分野の2軸で製造業におけるグループ会社の事業領域をマッピングした。縦軸には、製品a～dの売上高をスケール比で表現し、横軸はバリューチェーンを定性的に整理した。このように、プロセス（ステップ）と構造マップの組み合わせにより定量と定性の両面から物事を整理することができる。

図表5-12：プロセス（ステップ）×構造マップの組み合わせ例

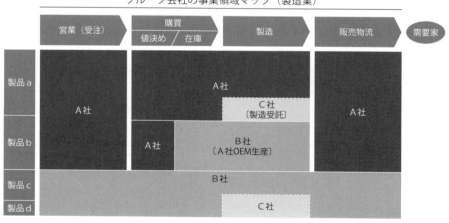

プロセス（ステップ）とウォーターフォールの組み合わせ

図表5-13は、プロセス（ステップ）とウォーターフォールの組み合わせた例である。バリューチェーンをプロセスで表現し、各プロセスで発生する収支をウォーターフォールで表すことにより、英会話学校事業の収益構造を示した。英会話学校事業は、授業料としての前受金をもとに、教室展開、教材開発、広告宣

伝、営業、講師・スタッフの雇用を行う先行投資型ビジネスとなっていることがわかる。

図表5-13：プロセス（ステップ）×ウォーターフォールの組み合わせ例

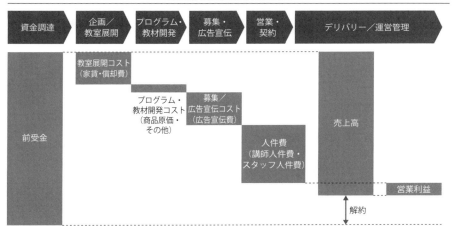

ウォーターフォールと構造マップの組み合わせ

　図表5-14は、ウォーターフォールと構造マップを組み合わせた応用例である。横軸に店舗別売上高、縦軸に店舗別営業利益（本部費配賦前）をとっている。営業利益が全店とも黒字であれば、先に紹介した構造マップのみで表現できるが、図表5-14の事例では、いくつかの店舗において営業損失が出ている。このように、プラス要素とマイナス要素が混在している場合には、ウォーターフォールと構造マップを組み合わせて表現することもできる。図表5-14からは、新宿店が全社の営業利益の大半を稼いでいること、一部の地方都市店舗が損失を出していること、本部費用負担が重いことがわかる。

図表5-14：ウォーターフォール×構造マップの組み合わせ例：店舗別の売上高と営業利益

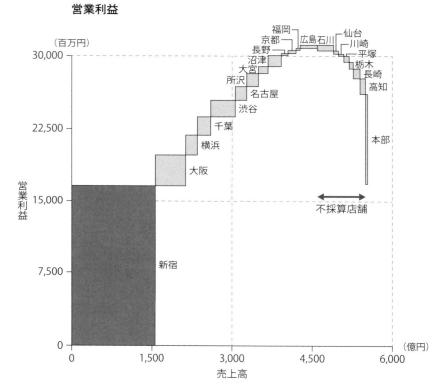

付　録
ビジネスDDの成果物

　ビジネスDDの成果物とはどのようなものか参考としていただくため、PwCアドバイザリー合同会社が過去に実施したプロジェクトから抜粋して紹介する（個別案件情報に関する一切の情報は伏せている）。**図表A−1**および**A−2**では、本付録で抜粋したアウトプットイメージが、報告書のどの部分に該当するかの参照関係を示している。

　一般的に報告書の体系は、買い手における利用目的に配慮し、以下のような構成をとる場合が多い。

① 　調査範囲およびアプローチや、重要発見事項等に要約した「エグゼクティブサマリー編」
② 　調査の全容を構造的かつ網羅的に記述した「本編」
③ 　本編等に記述された事象にかかる詳細データや背景事実等をまとめた「添付資料編」

図表A-1：報告書イメージの参照関係

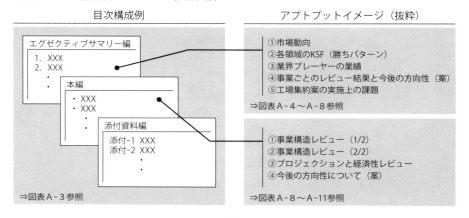

図表A-2：目次構成例

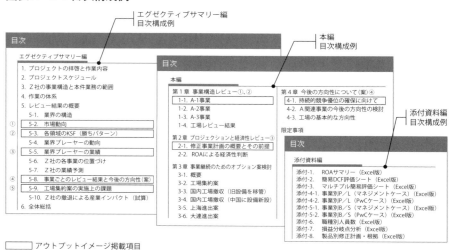

図表A-3：エグゼクティブサマリーのアウトプットイメージ（抜粋）

エグゼクティブサマリー
5-2. 市場動向
- 現在、付加価値の高い産業資材用途は堅調であるが、付加価値の低い製造工程の約9割は、中国や他アジア諸国に移転し、国内生産量は長期的な下降トレンドにある
- 衣料品に関しては、二次製品の輸入増加に伴い、国内生産比率は約50%程度と年々低下しており、そのうち8割は、中国からの輸入製品が占めるようになっている

市場の概況（国内）

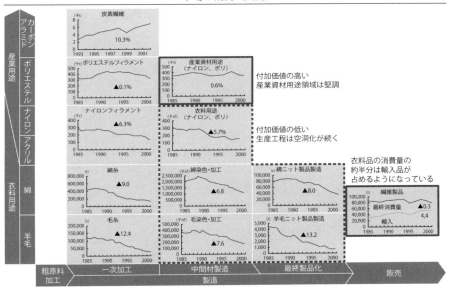

(*) 数字は、国内の1985～2004年のCAGR（加重平均年間平均成長率）を原則採用している
衣料用途の最終製品化工程の数値については、国内最終製品の約1/3を占めるニット製品の製造量を適用した

図表A-4：エグゼクティブサマリーのアウトプットイメージ（抜粋）

エグゼクティブサマリー
5-3. 各領域のKSF（勝ちパターン）
- 当業界のKSF（勝ちパターン）は、以下の3事業領域ごとに異なる。
- 領域①では、大規模なR&D投資による他社に先駆けた付加価値商材の開発と、積極的なスクラップ&ビルドによる付加価値品への生産集中化、粗原料工程の自社保有による原価低減が、事業成功の鍵である。領域②では、素材の特性上、一部付加価値品を除いて製造工程における差別化は困難であることからコスト競争力が鍵となる。領域③においては、徹底的な顧客志向による商品開発力が不可欠である。

各事業領域のKSF

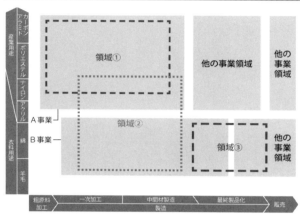

図表A-5：エグゼクティブサマリーのアウトプットイメージ（抜粋）

エグゼクティブサマリー
5-5．業界プレーヤーの業績
・業界プレーヤーのROAを比較すると、Z社の業績は極めて低い結果となっている。

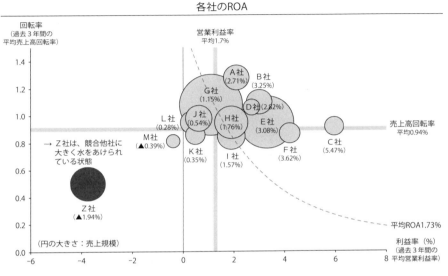

図表A-6：エグゼクティブサマリーのアウトプットイメージ（抜粋）

エグゼクティブサマリー
5-8. 事業ごとのレビュー概要と今後の方向性（案）
・Z社の各事業のレビュー概要は以下の通りである。レビューの結果を受けて、各事業の処理・事業推進の方向性について、各種案を抽出した。

事業分類		レビュー概要	方向性
A事業	A1	高収益商品に特化する戦略を打ち出しているが、<u>製品別の市場を詳細分析すると、中長期的な売上は減少</u>	工場清算（設備等売却）
	A2	特定の製品群に関しては、過去数年、シェアを増加させており、今後の売上増加が見込まれるが、その他の製品は市場規模は縮小、<u>合計売上減少の予測</u>	工場清算（顧客基盤売却）
	A3	不採算製品の撤退により、収益改善の可能性はあるが、<u>決定的な競争優位ではない</u>	撤退
	A4	海外工場の利益率水準は高いが、<u>国内工場との取引が多く、国内の低実績に引きずられる構造</u>。海外単独での事業継続は困難	工場単位で売却
B事業	B1	<u>独自4品目を除くその他製品の競争力に乏しく</u>、利益を確保し難い構造	上海進出
	B2	<u>工場は、比較的競争力があり、独自品が多いため、利益率は高い</u>	
	B3	主要大手顧客との<u>OEM契約が終了すると固定費負担に耐えられず、利益減少</u>。H19年度以降は利益率がマイナスに転じる予測	
	B4	ニッチ製品を中心に売上を上げるも、拡販の施策には具体性がなく、収益確保は困難	
	B5	行政動向など外部要因が大きく、今後の事業性は未知数	
C事業	C1	C1事業における製品群Aの競争力はあるものの、製品群Bが縮小傾向であるために<u>ROAは2.6%</u>	商権の売却
	C2	現在、一定量を稼ぐことのできるC2は、代替品の影響で市場は減少傾向にあり、将来的な利益確保は困難	売却（一括は困難）もしくは、清算
	C3	競争の原料メーカーに対する差別化は困難であり、安定して収益を生み出す構造になることは難しい	売却（土地）ないし、清算
	C4	<u>高い資産効率を持ち、当該市場で数多くの実績を持つ</u>。新規製品等を除いても、ROA3%以上を安定的に保てる事業構造にある	大連進出

図表A-7：エグゼクティブサマリーのアウトプットイメージ（抜粋）

エグゼクティブサマリー
5-9．工場移管・集約案の実施上の課題
- Z社については、収益性の高い製品を上海工場もしくは大連工場に移管し、事業を継続させてゆくという案の可能性がある。ただし、当集約案については、以下の3つのステップにおける課題解決を図ることが前提である。

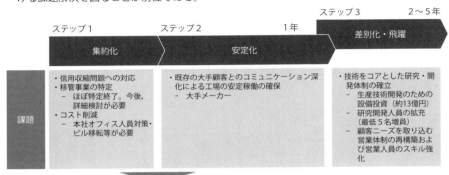

図表A-8：本編のアウトプットイメージ（抜粋）

事業構造レビュー
A-1事業：原料価格推移
- A1事業の収益は、原料価格の変動が大きく利益に影響する。
- 原料（ナフサ）の価格は、中東情勢および石油産出国による減産効果による原油高を受けて高騰している。
- Z社は事業計画のベースとして、原料価格を156円と設定しているが、これはある程度の価格上昇懸念を見込んだ、妥当な設定といえる。

図表Ａ-９：本編のアウトプットイメージ（抜粋）

事業構造レビュー
競合他社の動向

・競合他社は、一様に生産工程の効率化や縮小・撤退を実行する一方、付加価値の高い製品の用途開発に注力することで利益率を確保している。
・Ｚ社は、特定の生産技術に強みがあるものの開発体制は弱く、粗原料加工工程を持っていないことから、高い収益性を確保できず、また生産設備の集約などリストラの遅れも影響し、競合に比して、低い業績となっている。

	原料加工（粗原料） →粗原料加工工程を持つことによる利ざやの確保	生産工程 →撤退・縮小・選択と集中による効率化	用途開発 →用途開発に注力	ROA (過去3年間の平均)
A社	・粗原料加工	・合併による効率化推進 ・日本工場は最新設備を導入	・染色加工技術開発	3.1%
B社	・粗原料加工	・国内事業の縮小 ・一部製品群からの撤収完了 ・一部製品群を売却	・防弾用途、自動車関連用途拡大 ・産業資材用途を中心に拡大	1.2%
C社	・粗原料加工	・製品群A撤退 ・製品群B撤退 ・日本工場の分社化 ・衣料用事業の移管	・特定資材用途、 米国インテリア用途拡大	2.8%
D社		・日本国内を6工場から3工場へ縮小 ・汎用品比率低下、付加価値品にシフト	・衣料用途を縮小、産業用途拡大	1.9%
Z社	→所有せず	→一世代前の設備 →工場設備集約は出遅れ	→競合の後発 →商社まかせ	▲2.0%

図表A-10：本編のアウトプットイメージ（抜粋）

プロジェクションと経済性レビュー

- A事業は土地の評価損と投資有価証券の評価益がほぼ相殺され、資産規模に大きな変更はない。一方、競争力ある商品の投入による売上増に向けての具体的施策は不十分と言わざるを得ず、固定費の負担増により営業利益の改善は期待できない。したがって、3％を超えるROAの達成は困難な状況である。

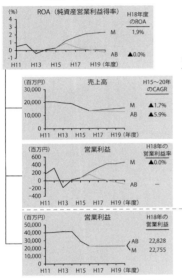

マネジメントの事業計画のポイント	修正事業計画の主な前提
・不採算品の一部海外シフト化および品番の絞込みを行う	→生産拠点を国内工場から上海工場に移転することによるコスト競争力強化を目指すが、その実現性についての不確定要素が多く、売上はほぼ横ばいとした
・在庫管理基準の設定により、仕掛り期間を圧縮する	
・技術指導の積極化による海外生産基点を拡大する	→主力商品は、大手顧客の売上の大幅増を見込んでいるものの、具体的契約などは存在せず、実現可能性が低いことから売上は横ばいとした
・汎用品価格競争の激化により、国内工場、および物流センターを休止し、上海工場に生産を移管する。これによって、コスト競争力維持を目指す	
・国内2工場の閉鎖に伴い、固定資産を圧縮する	→上記売上修正に伴う、売上債権、在庫を修正した
・投資有価証券の評価益による資産の増加	→不動産DDの結果より、土地を再評価した
	→財務DDの結果より、主に投資有価証券、買掛金、退職給付引当金の再評価を行った

M：マネジメントの事業計画に基づく数値
AB：修正事業計画に基づく数値

図表A-11：本編のアウトプットイメージ（抜粋）

今後の方向性について（案）
持続的競争優位の確保に向けて
・コスト競争力では中国などの海外企業に勝てない。したがって、利益率の高い②、③領域をいかに押さえるかが鍵になる。
・圧倒的な高利益率が確保できる製品を開発（③）し、顧客との強固な結びつきを形成し、安定したビジネスにつなげる（②）というサイクルを、継続して生み出すことが、利益を確保する方策となる。

A事業業界における製品ポートフォリオの考え方

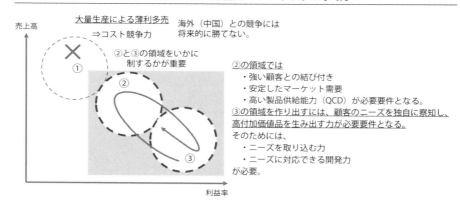

◇編者紹介◇

PwCアドバイザリー合同会社

　PwCアドバイザリー合同会社は、戦略、財務、M&A・再生の高い専門性をもって、クライアントのビジョン実現のために、環境・社会貢献と事業成長の両立を経営の側面から支援しています。PwCグローバルネットワークと連携しながら、クライアントが社会における信頼を構築し、持続的な成長を実現できるよう、最適かつ高い業務品質のサービスを提供します。

PwC Japanグループ

　PwC Japanグループは、日本におけるPwCグローバルネットワークのメンバーファームおよびそれらの関連会社の総称です。各法人は独立した別法人として事業を行っています。複雑化・多様化する企業の経営課題に対し、PwC Japanグループでは、監査およびアシュアランス、コンサルティング、ディールアドバイザリー、税務、そして法務における卓越した専門性を結集し、それらを有機的に協働させる体制を整えています。また、公認会計士、税理士、弁護士、その他専門スタッフ約11,500人（2023年10月時点）を擁するプロフェッショナル・サービス・ネットワークとして、クライアントニーズにより的確に対応したサービスの提供に努めています。

PwCグローバルネットワーク

　PwCは、社会における信頼を構築し、重要な課題を解決することをPurpose（存在意義）としています。私たちは、世界151カ国に及ぶグローバルネットワークに約364,000人（2023年10月時点）のスタッフを擁し、高品質な監査、税務、アドバイザリーサービスを提供しています。

■執筆協力者

及川　雅信

平井　涼真

M&A Booklet

BDDを磨く シナジー検討とビジネスDD技法

ビジネス・デューデリジェンス個別編Ⅲ

2024年10月25日　第1版第1刷発行

編　者　PwCアドバイザリー合同会社
発行者　山　本　　　継
発行所　㈱中央経済社
発売元　㈱中央経済グループ
　　　　パブリッシング

〒101-0051　東京都千代田区神田神保町1-35
電話　03 (3293) 3371 (編集代表)
　　　03 (3293) 3381 (営業代表)
https://www.chuokeizai.co.jp
印刷・製本　文唱堂印刷㈱

Ⓒ 2024
Printed in Japan

＊頁の「欠落」や「順序違い」などがありましたらお取り替えいたしますので発売元までご送付ください。(送料小社負担)
ISBN978-4-502-48331-8　C3334

JCOPY〈出版者著作権管理機構委託出版物〉本書を無断で複写複製（コピー）することは，著作権法上の例外を除き，禁じられています。本書をコピーされる場合は事前に出版者著作権管理機構（JCOPY）の許諾を受けてください。
JCOPY〈https://www.jcopy.or.jp　eメール：info@jcopy.or.jp〉